VIE

DE

MGR LOUIS RENDU

PARIS. — IMP. V. GOUPY, RUE GARANCIÈRE, 5.

VIE

DE

MGR LOUIS RENDU

ÉVÊQUE D'ANNECY

PAR

L'abbé F.-M. GUILLERMIN

AUMONIER DE MONSEIGNEUR

> Qu'il est bon cet Évêque d'Annecy !
> PIE IX.

PARIS

CHARLES DOUNIOL, LIBRAIRE-ÉDITEUR

rue de Tournon, 29.

1867

ARMES DE MONSEIGNEUR RENDU.

LETTRE DE M.GR MERMILLOD

A

M. le curé de Versoix.

———

Genève, 11 janvier 1867.

Monsieur le Curé et cher ami,

Je vous félicite de la pensée que vous avez eue de publier la Vie du cher et grand Évêque d'Annecy : vous lui deviez ce souvenir fidèle, et votre cœur ne pouvait se soustraire à cette dette qu'il vous est doux de payer. Vous avez trouvé, au sein d'un ministère actif et fructueux, de rares loisirs que vous utilisez pieusement. Je regrette que vous n'ayez pu donner à votre travail une étendue plus considérable, et, qu'aux faits biographiques que vous racontez avec charme, vous n'ayez pas eu le temps de joindre une étude de l'esprit et du cœur de l'illustre prélat. Vous révélez, sur son enfance, et sur les premières années de son sacerdoce, des détails qui m'ont ravi ; vous nous montrez tour à tour le professeur célèbre, l'orateur distingué, l'évêque infatigable et le savant athlète de la foi catholique.

Je relisais, il y a peu de temps, dans une lettre adressée par saint François de Sales au pape Paul V, sur le Père Ancina, Évêque de Saluces, un portrait qui me rappelle Monseigneur Rendu. Il me semble qu'il ne sera pas déplacé au frontispice de sa Vie.

« J'admirais, dans la science profonde de cet
« homme qui embrassait tant de différens objects
« et dans une si grande érudition, un esgal mes-
« pris de luy-mesme ; dans la gravité parfaicte
« de son extérieur, de ses discours et de ses moeurs,
« autant de grâce et de modestie ; dans le soing
« qu'il prenait de prattiquer et de recommander
« la dévotion, une pareille application à la poli-
« tesse, à la douceur, et à l'affabilité : *en sorte*
« *qu'il ne foulait point aux pieds le faste et l'orgueil*
« *par un autre orgueil*, ce qui arrive à plusieurs ;
« mais par une vraye humilité : et qu'il ne faysait
« point valoir sa charité par *la science qui enfle*,
« mais qu'il faysait fructifier la science par *la cha-*
« *rité qui édifie*. C'estait un homme chéri de Dieu

« et des hommes, parce qu'il les aymait d'une
« charité très-pure. Or j'appelle une charité
« très-pure, celle dans laquelle l'on aurait
« de la peine à trouver la moindre trace d'amour-
« propre ou d'égoïsme, charité rare et exquise qui
« ne se trouve pas facilement, mesme dans ceux
« qui font profession de piété, à rayson de quoy
« elle est plus précieuse et plus rare que ces cu-
« riositez extraordinaires qui viennent des extrê-
« mitez du monde. »

Ces paroles de saint François de Sales ne s'appliquent-elles pas à son successeur et ne le peignent-elles pas tout entier? Son cœur est vraiment un cœur d'évêque, et j'aurais voulu que vous lui consacriez de nombreuses pages pour le faire aimer comme vous l'avez aimé. Tour à tour à son diocèse et à l'Église, dans ses visites pastorales et dans ses écrits, on sent les vibrations d'une noble intelligence et d'une âme vaillante. Doué, au suprême degré, d'une bonté attirante qui se reflétait sur sa physionomie, il était accessible à tous. Il parlait à tous leur langage; il descendait avec ses diocésains des montagnes aux conversations les plus familières et les plus pénétrantes. Lorsqu'il écrivait, son esprit ouvrait à sa pensée de nouveaux horizons, et nous retrouvons dans ses Mandements, avec un charme de parole, une défense de la vérité merveilleusement appropriée à nos temps actuels. Il fut fidèle à la promesse de sa consécration épiscopale : *Veritatem diligat, neque unquam eam deserat aut laudibus aut timore superatus.*

Vous n'avez pu redire, comme je l'ai vu moi-même lorsque je l'accompagnai à Rome, avec quelle fraternelle tendresse et quelle sympathique admiration, Pie IX et les évêques du monde catholique, accueillaient Monseigneur Rendu; ses écrits l'avaient révélé au monde chrétien, et son cœur, toujours gracieusement bon, lui suscitait des amitiés faciles et persévérantes. Je l'ai déjà écrit dans la préface mise en tête de ses Mandements : Monseigneur Rendu fut un grand évêque, menant de front les combats de la vérité, l'administration de son diocèse, les hautes spéculations métaphysiques et les études sociales. Mêlé aux luttes de son époque, il ne reste étranger à aucune œuvre qui intéresse le bien. Son nom, ses écrits, son influence traversent les Alpes, et, au milieu de ce prestige qui l'entoure, il garde une tendresse de cœur qui ne peut être appréciée que par ceux qui l'ont vu de près. Au milieu de ses prêtres, c'est un frère qui ne domine que par la supériorité de son esprit et sa bienveillance affectueuse pour tous. Dans le monde, c'est l'homme aimable pour la société, selon la parole des saints livres : *Vir amabilis ad societatem.*

A une époque où les esprits se divisent pour des nuances, et où les cœurs se blessent dans des coteries exclusives, l'Évêque d'Annecy, fidèle à la défense de la plus ombrageuse orthodoxie, avait la conversation la plus attrayante et la plus douce. Jamais un mot qui eût pu blesser *la première peau du cœur*, selon la belle expression de saint François de Sales, n'est sorti de sa bouche. Il excellait à arrêter une conversation qui eût cessé d'être piquante pour devenir aigre-douce, quoiqu'il eût l'aimable attrait de la causerie et qu'il se plût à la contradiction. Au besoin, il eût lancé un paradoxe pour obtenir la joie d'être contredit. Tout sujet s'agrandissait sous sa parole ; la science devenait à la portée de tous. L'entretien le plus vulgaire était séduisant, tant il savait l'entremêler des éclairs de son génie et des chaudes effusions de la sensibilité de son cœur. Près de lui, on se sentait ravi par des mots tour à tour profonds et délicats, et il y avait, sur son front, une sérénité qui saisissait. Il était un de ces hommes bien rares qui ont su conserver, à travers la froideur, l'égoïsme et l'ennui de notre âge, le plaisir charmant de la conversation française. Jamais aucun accent de domination ne sortait de ses lèvres; il était ingénieux à voiler toujours sa supériorité intellectuelle ou sa dignité épiscopale sans les abaisser jamais. La causerie était pour lui un apostolat; son intelligence captivait ceux qui ne croyaient pas, et sa bonté les gagnait toujours. Désintéressé de préoccupations personnelles, son cœur aimait par-dessus tout la sainte Église, et nul ne souffrait plus que lui de ses tristesses et ne se réjouissait mieux de ses triomphes.

Annecy porte bonheur aux Évêques; on dirait que, sur ce siége, la grâce, les vertus et l'âme de saint François de Sales, sont en permanence sous des physionomies diverses.

Merci donc, cher ami, d'avoir fait revivre cette douce et aimable figure de l'évêque que vous et moi avons tant aimé. A cette heure des triomphes malsains, en présence des adulations serviles du succès, en face des forces hostiles qui s'attaquent au Christianisme, le Clergé a besoin de contempler ces héroïques ouvriers de la vérité, et de s'inspirer, à leur souvenir, du goût des vertus fortes, des études sérieuses et de l'amour des âmes.

Les prêtres de notre pays et d'autres diocèses, liront avec fruit la Vie de Mgr Rendu ; ils y apprendront comment on peut garder, dans une inviolable virginité d'orthodoxie, les tendresses compatissantes de la charité ; comment on peut associer une haine vigoureuse de l'erreur avec l'affectueux service des cœurs égarés.

Puisse votre exemple, cher Curé, encourager vos confrères à unir à la vigilance des fonctions pastorales l'attrait des travaux intellectuels !

Recevez, pour vous et votre ouvrage, mes meilleures bénédictions.

† GASPARD, Évêque d'Hébron,
Auxiliaire de Genève.

PRÉFACE

Quand, après sa mort, nous eûmes publié, dans l'*Univers*, les dernières heures de Mgr Rendu, des personnes très-attachées à sa mémoire nous prièrent, avec instance, de continuer ce travail, et d'écrire sa vie après avoir décrit sa mort. Mon Dieu ! cette pensée est devenue notre continuel tourment. Inhabile et inconnu, il nous a fallu plus que de l'audace pour cette entreprise ; la tendresse filiale l'a emporté.

Un ami de Mgr Rendu, qui l'avait connu pendant près de quarante ans, se proposait d'écrire sa vie; il mourut trop tôt, emportant son projet dans la tombe. On ne saura jamais tout ce qu'a perdu la vie de Mgr Rendu, d'avoir été écrite par une autre main que celle de M. le chanoine Sallavuard.

Cette part nous était donc dévolue par la mort; mais, en l'acceptant, nous avons tenu à être court. Aujourd'hui, on est si pressé, qu'un livre de ce genre a toujours tort d'être long. Nous aurions pu faire un gros volume avec les documents qui sont entre nos mains et les souvenirs qui remplissent notre cœur. Que de détails ont été omis sur l'enfance de Monseigneur, tel que son *œuf de Pâques*, dont l'histoire a été si malicieusement racontée par M. Petit-Senn; sur son épiscopat, par exemple, ce qu'il fit pour la tenue des Conciles provinciaux, pour la réforme du Bréviaire, pour donner un nouvel essor à l'architecture religieuse, pour populariser le chant de l'église, sa longue correspondance avec M. le comte Pillet-Will, ses visites pastorales, ses études géologiques, ses mémoires, son système philosophique; détails infinis, que nous avons supprimés, parce que leur utilité ne nous a pas paru devoir en compenser les longueurs.

Une autre raison d'être court nous était imposée par notre situation personnelle.

Légataire des manuscrits de Monseigneur, nous sommes resté pauvre malgré ce don préieux. Or, cette publication tardive, étant toute à nos frais, il a fallu en mesurer l'étedue à la modicité de nos moyens.

Notre manière de dire sera simple; nous aurions voulu qu'elle le fût jusqu'à être transparente comme ces globes de verre dont on couvre un buste de marbre ou de bronze. L'œil pénètre le verre sans le regarder; il ne voit que le chef-d'œuvre qui est au-dessous. Un mot peut quelquefois détourner l'attention du sujet, pour la diriger sur l'auteur; nous espérons ne point nous être rendu coupable de ce larcin; nous avons tenu à laisser rayonner la douce figure de Mgr Rendu à travers la transparence d'un style qui ne dérobera pas, à notre profit, un seul regard de l'attention qui lui est due.

Beaucoup de fautes se glisseront, sans doute, dans l'impression de cet ouvrage, malgré nos soins et malgré la condescendance de notre éditeur qui a été fort grande. Toutes les fautes nous appartiennent; mais elles trouveront leur pardon ou leur excuse dans la distance où nous sommes de notre imprimeur, et dans la droiture qui a constamment dirigé nos intentions.

En arrivant à la fin de ce travail, nous avons craint d'avoir fait trop ressortir la fermeté de caractère de Mgr d'Annecy, et pas assez la bonté de son cœur.

Cependant, tout en lui respirait la douceur, et il n'est pas jusqu'à ses armes et à sa devise qui n'en fussent l'expression : d'azur; en cœur, une croix latine d'argent, supportant en pieds, deux gerbes de blé, en sautoir d'or, devise : *Omnibus omnia;* tout à tous (1).

---

(1) Par la croix le Christ se livre ; par l'Eucharistie il se donne ; livré pour tous il se donne tout à tous. Monseigneur résume tous ces mystères d'infinie bonté dans la devise : *Omnibus omnia,* tirée de l'oraison de la fête de saint François de Sales, 29 janvier.

Rien ne saurait mieux dépeindre Mgr Rendu que ces trois mots : il avait un grand esprit, un grand cœur, une grande bonté. Ces trois grandeurs résument toute la vie de l'excellent évêque d'Annecy.

Afin de nous conformer au décret du pape Urbain VIII, et témoigner de notre filiale adhésion aux règles de la sainte Eglise, nous déclarons que le titre de saint que nous pourrions avoir donné à Mgr Rendu, dans le cours de cet ouvrage, signifie seulement qu'il fut distingué par les vertus qui ont embaumé sa vie de chrétien, de prêtre et d'évêque.

VIE DE MGR LOUIS RENDU

VIE
DE
MGR LOUIS RENDU
ÉVÊQUE D'ANNECY

LIVRE PREMIER

CHAPITRE I

Enfance du jeune Rendu. — M. Bétemps, curé de Meyrin. — M. Bétemps distingue le jeune Rendu. — Funeste accident. — Espièglerie. — Il est confirmé à Ferney.

Le pays de Gex est un petit territoire qui s'étend le long du Jura, de Divonne au fort de l'Ecluse, et dont la vue s'étend sur le mont Blanc, le Rhône, le lac et la ville de Genève. Ce petit pays a vu naître des hommes éminents : l'abbé Émery, Supérieur du Séminaire de Saint-Sulpice ; Mgr Fournier, évêque de Montpellier ; Mgr Rouph de Varicourt qui, de curé de Gex, devint évêque d'Orléans; Mgr Dépéry, né à Chalex, évêque de Gap; Mgr Bona, évêque de Temeswar, en Hongrie, et Mgr Rendu, évêque d'Annecy, dont j'essaie de raconter la vie à titre de Mémoires.

Louis Rendu naquit à Meyrin en 1789, le 9 décembre. Le village de Meyrin appartenait alors à la France; il en fut détaché par les fameux traités de 1815, pour être annexé au canton de Genève. La grande famille Rendu tire sa première origine de Lancran, dans le département de l'Ain; c'est dans ce village qu'est née la Sœur Rosalie, dont la vie a été si admirablement écrite par M. le vicomte de Melun.

Pendant plus de trois siècles, la famille Rendu a fourni une succession de notaires dont la probité a attaché à ce nom un souvenir d'honorabilité proverbiale. Une branche de cette famille s'établit à Mâcon; une autre, à Paris; une troisième à Meyrin; c'est à celle-ci qu'appartenait Mgr Rendu. Meyrin a toujours fait partie du diocèse de Genève, et ce fut seulement à l'époque de la Réformation, que les évêques de Genève, obligés de quitter cette ville, se retirèrent à Annecy, dont ils firent provisoirement leur résidence.

Le jeune Rendu apprit à lire dans l'école de son village. Il avait quinze ans lorsque fut nommé curé de Meyrin, l'abbé Bétemps, né aux Clés, en Savoie, dans la vallée de Thônes. Prêtre plein de zèle et de modestie, il fut le créateur du rosaire vivant et mourut à Lyon, chanoine honoraire de la Métropole. Croyant trouver, dans le jeune Rendu qui servait si gracieusement sa messe, de l'intelligence et de la bonne volonté, il proposa à ses parents de le faire étudier; ce qui fut accepté avec joie, du jeune homme surtout.

M. Bétemps lui donna les premières leçons de latinité et grâce à cette distinction, le jeune Rendu s'était déjà fait une petite réputation dans le village et les environs. On l'entendait à l'église où il chantait à merveille; il brillait par sa gaîté et ses réparties vives et spirituelles. Les principales familles se faisaient un plaisir de l'inviter, et il vint, cinquante ans plus tard, faire comme évêque une visite de reconnaissance à la famille Dubois, de Meyrin, et à la famille Perraud de Jotemps, au château de Feuillasse, où il avait souvent reçu un accueil si bienveillant (1).

(1) L'église de Meyrin possède un bel ostensoire en

Vif et bouillant, il faillit être victime de ce caractère qu'il ne put vaincre qu'à force de douceur. C'est l'usage, dans le canton de Genève, lorsque la moisson a été abondante, de placer un bouquet de fleurs sur la dernière gerbe. Un repas champêtre se prépare ; les convives boivent et rient et l'on tire des feux d'artifice. Le jeune Rendu était toujours l'un des invités. Or, un jour, dans une de ces fêtes villageoises, une des boîtes refuse de partir ; Louis, intrépide et impatient, court mettre le feu avec la main ; la machine part ; le tampon vole en éclats, lui déchire la figure et le jeune étourdi eut le bout de l'index emporté.

Notre jeune homme était aussi espiègle qu'étourdi. Un jour, un de ses compagnons et lui furent pris d'une belle envie de manger des cerises à satiété. Ils firent donc marché avec un propriétaire qui passait pour très-avare. Le marché conclu, les deux amis grimpent sur le cerisier. Bien qu'il en fût couvert, les fruits diminuaient affreusement et les deux gamins mangeaient tou-

---

argent, donné par le chanoine Rendu. Devenu évêque d'Annecy, il fit don à sa paroisse natale de deux autels latéraux : l'un dédié à la Vierge Immaculée, l'autre à saint François de Sales.

jours. Le propriétaire, qui se tenait au pied de l'arbre, leur lance des pierres pour les obliger à s'arrêter et à descendre. Ils lui proposèrent alors un second marché. Nous descendrons, lui dit le jeune Rendu, mais il faut nous rendre notre argent. Jugeant qu'il y avait un bénéfice à faire, le propriétaire accepta. Mais, dans la crainte qu'une fois descendus, il ne rendît pas l'argent, ils l'obligèrent à le déposer à terre, et les deux compagnons descendirent gonflés de cerises sans avoir rien dépensé.

Il avait alors quinze ans. L'évêque de Chambéry vint à Ferney, en visite pastorale, et y convoqua les fidèles des paroisses voisines. Celle de Meyrin fut de ce nombre. Ce fut là, sur le perron du château de Voltaire, que le jeune Louis reçut le sacrement de Confirmation et s'engageait à défendre avec vaillance Jésus-Christ et la sainte Église.

CHAPITRE II

Départ de M. Bétemps. — Le jeune Rendu part pour Chambéry. — On le repousse. — M. Guillet le reçoit. — Retour à Meyrin. — Aventure.

Les progrès que faisait le jeune Rendu dans ses études, étonnaient le maître et encourageaient l'élève.

Tout allait pour le mieux, lorsque des circonstances fâcheuses obligèrent M. Bétemps à quitter la paroisse de Meyrin. C'était en 1807. Son élève dut chercher ailleurs le moyen de continuer ses études. Ses parents, trop pauvres, ne pouvaient ni prendre un précepteur à la maison, ni l'envoyer au collége.

Impatient, dit un de ses amis d'enfance (1), de savoir si un jeune homme sans fortune et n'ayant que de la bonne volonté serait admis à servir l'Église, il partit pour Chambéry. Après la suppression de l'ancien diocèse de Genève, le pays de Gex faisait

(1) M. Dubois, Prévôt du chapitre de Chambéry.

partie du nouveau diocèse de Chambéry créé par le concordat de 1802.

Notre jeune homme vint donc à Chambéry, solliciter une place gratuite au Grand Séminaire. Un des Vicaires Généraux auxquels il fut présenté, étonné de la hardiesse de sa demande, le regarda fixément, et lui dit : « D'où es-tu ? — De Meyrin, Monsieur le Grand Vicaire. — Où se trouve Meyrin ? — Dans le pays de Gex. — Retourne chez toi, lui dit-il, ton pays ne fournit ni hommes ni argent. » Je dirai, à la dernière page, le nom de ce Grand Vicaire ; les plus grands hommes se trompent quelquefois.

Cette réponse âpre ne déconcerta pas le jeune homme ; il alla trouver le vénérable M. Guillet, Supérieur du Grand Séminaire, qui lui dit : « Mon ami, tu viendras à la rentrée ; il y aura pour toi de la place et du pain. » Mille fois heureux de la promesse qui lui était faite, il partit à pied pour Meyrin, comme il était venu.

Entre Rumilly et Frangy, notre voyageur fut surpris par le mauvais temps ; le ciel était noir, la nuit s'avançait et la pluie tombait par torrents. Loin des maisons et sans argent, il vit une petite fille qui gardait ses moutons effrayés. Il lui demande où il pourrait loger et passer la nuit; la jeune enfant lui offre de le conduire au château et tous les deux de pousser les moutons que l'orage empêchait d'avancer. Baigné de sueur et trempé de pluie, l'étranger se présente au château pour y recevoir l'hospitalité. Une dame respectable l'accueille avec bonté comme un voyageur du bon Dieu; elle le place devant un grand feu, lui sert un bon souper et lui offre un bon lit. Il bénissait Dieu de l'orage et de l'hospitalité.

Éloigné d'une forte journée de Meyrin, il dut partir de grand matin, et pour ne déranger personne, il laissa un petit billet où il exprimait, en quelques vers, sa reconnaissance et ses adieux. Dans la suite des temps, cet enfant était évêque du diocèse où habite la noble et excellente famille de Coucy; et, quand il vint lui faire visite, on lui présenta le billet qu'il avait laissé en partant.

———

CHAPITRE III

Il entre au collége de Chambéry. — Écolier il est aussi professeur. — Son style épistolaire. — Fin de ses cours.

Au commencement de novembre 1807, le jeune Rendu vint à Chambéry occuper la place que lui avait promise le vénéré M. Guillet. En voyant partir son fils unique, son père pleura beaucoup; il lui disait : On te fera coucher *sur la dure;* on te donnera pour oreiller un fagot de sarments; rien ne put l'arrêter. Il entra au Séminaire, et bientôt l'élève fut jugé digne d'être professeur; il enseignait en même temps qu'il était enseigné lui-même. Il faisait une classe sans cesser de suivre la sienne; il enseignait pendant le jour et travaillait pendant la nuit; et, pour vaincre le sommeil qui le dévorait, il se promenait toute la nuit, portant son livre d'une main et la chandelle de l'autre, et quand ce moyen ne réussissait plus, il tenait les pieds dans l'eau froide.

1.

La première année de ses études, il écrivit à des parents qu'il avait à Lancy (canton de Genève), où il passait une partie de ses vacances, la lettre suivante qui est un modèle du genre :

Chambéry, 15 décembre 1807.

« *Ma très-chère tante et oncle,*

« Ne m'accusez pas de négligence si j'ai tardé à vous donner de mes nouvelles et à en demander des vôtres, qui me sont aussi chères qu'elles me sont précieuses. Mais la multitude de mes occupations a été cause que je n'ai pu satisfaire *plus tôt* à ce devoir. Je pense que vous recevrez mes excuses. Depuis que je suis ici, je ne me suis pas ennuyé l'espace d'un jour entier ; mais, quand on est bien occupé, il ne reste point de temps à donner à l'ennui. Il y a quelques jours que je n'ai pas donné de mes nouvelles chez nous ; si vous en avez l'occasion, vous leur ferez savoir que je me porte bien, grâces à Dieu !

« Je suis, en vous embrassant, mes chers parents, votre dévoué et attaché neveu.

« Louis RENDU. »

En 1809, c'est-à-dire deux ans après son entrée au Séminaire, il faisait sa philosophie avec distinction ; sa pénétration, sa facilité à résoudre les problèmes difficiles le firent remarquer à la tête d'une classe nombreuse.

CHAPITRE IV

Le jeune Rendu entre dans la famille de Saint-Bon. — Son entrée dans la famille Costa de Beauregard. — Il est prêtre. — Professeur. — Directeur spirituel. — Il quitte l'enseignement. — Chanoine. — INFLUENCE DES LOIS SUR LES MŒURS. — **Décoré du Mérite civil.**

C'était un usage, à Chambéry, dans les familles riches qui ont des enfants au collège, de leur procurer, pendant les vacances, un précepteur qui les accompagne et qui leur donne des leçons. C'est à ce titre que le jeune Rendu entra dans la respectable famille de Saint-Bon, au sein de laquelle il ne pouvait que profiter et des bons exemples qu'il avait sous les yeux et du genre parfait avec lequel la maison était tenue.

La famille de Saint-Bon habitait dans le voisinage du château de la Motte, près de Chambéry. Notre jeune précepteur avait eu souvent l'occasion d'aller dans la maison Costa de Beauregard. M. le marquis ne put échapper à l'impression heureuse qu'a toujours faite Mgr Rendu sur les personnes qui ont pu le connaître. Il songea donc à lui confier ses enfants dès que le comte de Saint-Bon aurait terminé ses études. Ce moment arriva en 1812 où l'abbé Rendu entra dans l'illustre famille de Costa; le marquis Léon de Beauregard et son frère, le comte Raoul, le reçurent pour précepteur, et, plus tard, on peut le dire, ils furent de leur vieux maître les plus intimes amis.

L'entrée de l'abbé Rendu dans cette noble famille fut une des époques marquantes de sa vie.

Il reçut la prêtrise le 10 juin 1814 des mains de Mgr Ives Irénée de Soles, évêque de Chambéry, et le même jour il était nommé professeur de littérature au Collége royal de Chambéry. Sept ans plus tard, il enseignait la physique et les mathématiques au même Collége dont il devint directeur spirituel; il fut aussi supérieur du pensionnat. Professeur de sciences exactes, il donna à cet enseignement une forme nouvelle : Réduire toute la science en propositions courtes, claires et simples; en dicter trois ou quatre aux élèves, les expliquer, obliger les élèves à rédiger les démonstrations, à rendre compte des expériences, à faire les figures; telle était sa marche. Son traité a été imprimé à Chambéry en 1823; les succès qu'il obtint prouvèrent l'excellence de la méthode.

Un jour, les élèves du pensionnat avaient conspiré et s'étaient entendus pour ne point chanter les Vêpres. Et, en effet, l'abbé Rendu entonne les psaumes ; personne ne répond. Eh bien! Messieurs, je chanterai seul, leur dit-il, mais on récitera un *Pater* entre chaque verset, dût-on passer à chanter Vêpres le temps de la promenade qui se fait après. Le moyen fut bon; au deuxième psaume les mutins élèves perdirent patience et tout le monde se mit à chanter comme toujours.

En 1829, le Collége royal de Chambéry fut confié aux Pères jésuites ; les anciens professeurs furent tous remerciés. Jamais, peut-être, sacrifice ne coûta plus à l'abbé Rendu que celui de céder sa chaire et d'abandonner l'enseignement. Il fut nommé chanoine de la métropole de Chambéry ; ce qui le condamna à une solitude et à un isolement dont il ne put se consoler que par l'étude qui était sa passion. Il composa un ouvrage qui fut une révélation de son talent : c'était l'*Influence des Lois sur les Mœurs, et des Mœurs sur les Lois.* Le sujet n'était pas de lui; l'Académie de Lyon l'avait mis au concours de l'année 1830. L'ouvrage était prêt lorsqu'éclata la révolution de Juillet. Un ami qu'il consulta lui dit : « Retirez votre livre, le moment de le publier n'est pas encore venu. Personne maintenant n'aurait le temps de le lire. Nous allons avoir bien d'autres occupations, et si les livres sont bons à quelque chose, ce ne peut être que pour plier la poudre. » (Préface de l'ouvrage.)

Mais le sujet était de tous les temps, et il le publia en 1833 sous le voile de l'anonyme. Le plan était celui-ci : *Des Mœurs; des Lois; des Mœurs par rapport aux Lois; des Lois par rapport aux Mœurs. Pour les Mœurs comme pour les Lois, il n'y a qu'un principe : La Loi de Dieu.* Cet ouvrage eut deux éditions dont l'une parut aux frais de l'Académie de Lyon et valut à son auteur la croix du Mérite civil de Savoie qu'il reçut du roi pendant qu'il prêchait un carême à Annecy.

CHAPITRE V

Mort de madame de Costa. — L'abbé Rendu l'assiste dans ses derniers moments. — Les paroles qu'elle prononce font connaître la femme chrétienne. — La mère. — L'épouse.

Il est une scène à laquelle assista le chanoine Rendu et qui doit trouver place dans sa *Vie*, bien qu'il n'en ait été que le témoin ; c'est la mort de madame la marquise de Costa, née de Quinson, mère des élèves de Monseigneur. Femme incomparable parce qu'elle était vraiment chrétienne, sa vie dut être bien admirable puisqu'elle fut couronnée d'une mort aussi sainte. Se sentant défaillir, elle pria l'abbé Rendu de dire à sa mère, madame de Quinson, que sa fille n'était plus. Voici comment l'abbé raconte cette scène dont il se souvint lui-même pour mourir.

« Le dimanche de la Passion, la sainte Messe fut célébrée dans la chambre de madame de Costa ; elle sembla ne plus sentir ses souffrances pendant qu'elle suivait le saint Sacrifice et faisait la sainte Communion. Son action de grâces se fit à haute voix. Elle se croyait seule dans la chambre ; ceux qui ne la quittaient pas purent assister à l'immolation de son cœur de mère ! O mon Dieu ! disait-elle, c'est vous qui m'avez tout donné ; tout vous appartient encore ; votre main qui devrait punir se cache et vous ne me laissez voir que celle qui console !

« Soyez béni ! ô mon Dieu, de n'avoir frappé mon cœur (mort de sa fille Zoé) qu'autant qu'il est nécessaire pour me faire sentir le prix de vos bienfaits ! Conservez ceux que votre bonté me laisse et donnez-moi la force de ne les aimer que pour vous. Ici, elle baissa la voix et se mit à prier pour ses enfants.

« Elle sonna, je me montrai : Vous voilà, bon abbé ; savez-vous, combien je suis heureuse ! Ah ! je vous disais bien que Dieu est un parfait consolateur : j'ai communié, rien ne manque plus à mon cœur.

« Elle me demanda de rester auprès d'elle et de ne plus la quitter. A mesure que je cherchais à faire renaître dans son esprit des espérances qui étaient encore dans le mien, elle souriait de mon erreur et me disait : « Mon ami, je ne me trompe pas ; du point où je suis parvenue, on voit plus clair dans l'avenir, et celui que je découvre est si beau que je ne puis m'empêcher de le désirer ! Ah ! si la Providence me réserve encore des jours, priez-la de les ajouter à ceux de mon mari et à ceux de mes enfants. Qu'ils vivent pour faire du bien et que j'aille au ciel pour les aider !

« Bon abbé, me disait-elle quelquefois, venez donc me parler de Dieu, de Celui que je vais voir ! Et quand je m'approchais, c'était pour en entendre parler moi-même. Abbé, me disait-elle encore, ne me fais-je point illusion ? J'ai dans la bonté de Dieu une confiance sans bornes ; je me dis que sa miséricorde est sans limite, que j'aurai beau en remplir mon âme ; elle est encore plus grande ; que jamais ! jamais je n'en trouverai la fin. Cette idée m'inonde des plus douces consolations ; je ne puis plus qu'aimer Dieu ; il m'est impossible de le craindre ; ma confiance, n'est-elle pas trop grande ?

« Oh ! non, Madame, lui dis-je, non ! Dieu n'a inventé qu'un moyen pour nous inspirer de la crainte, et il en emploie des milliers, chaque jour, pour nous inspirer de l'amour ! Cette semaine, nous irons l'adorer mourant pour nous sur la Croix! Il s'est donné tout à vous par la sainte Communion; vous ne sauriez avoir trop de confiance; ne craignez donc pas de lui ouvrir tout votre cœur. Je me tus.

« Ses yeux s'élevaient vers le ciel; sa poitrine se soulevait, sa figure était épanouie, et après un instant de silence sublime, en joignant les mains, elle disait : O mon Dieu ! que vous rendrai-je pour tout le bien que vous me faites! J'irai à vous, Seigneur! C'est pour vous que je me sépare de mon mari, de mes enfants, de mes amis : vous qui connaissez tout le prix de ce que vous m'avez donné, vous savez si mon sacrifice est grand ! — Et vous, excellent ami, croyez-vous que je ne sache pas apprécier tout ce que Dieu a fait pour moi en vous cherchant bien loin pour vous amener auprès de ce lit de mort? Oui, mon cher abbé, les liens qui enchaînent mon cœur ici-bas sont bien forts; il faut du courage pour les rompre! J'ai la prétention de croire que Dieu me saura gré de l'abandon que je fais... Pourtant, je ne veux pas me donner plus de mérite que je n'en ai... J'avoue qu'il serait au-dessus de mes forces, s'il fallait le faire pour toujours! Oh! que je suis heureuse d'avoir la foi! Nous nous reverrons un jour! Si l'adieu que je fais à mes enfants devait être éternel, ce serait un désespoir! Mais je vais en avant; je les verrai sans cesse, je leur tendrai la main; mon Dieu ne m'empêchera pas de les aimer toujours!

« Elle prononça ces paroles avec une foi et une énergie qui dut la fatiguer horriblement. Je cherchai à mettre fin à la conversation, et j'essuyai sa figure qui était inondée de larmes. « Bon abbé, me dit-elle, je souhaite que vous éprouviez un jour combien il est doux de sentir sa dernière larme essuyée par la main d'un ami. »

« Comme le médecin lui palpait l'estomac et appuyait un peu fort : « *Oh! docteur*, s'écria-t-elle avec vivacité, *vous ne faites pas attention que je suis dessous?*

« Abbé, me disait-elle, venez me parler de la mort, il est bon de connaître un peu d'avance les hôtes qu'on doit recevoir. »

« En regardant autour d'elle, elle ajoutait : « On dit qu'il faut souffrir pour être beau, je souffre bien, mais, mon Dieu, ce n'est pas encore assez! Dépêchez, Julie, donnez-moi un bonnet; apportez-moi de l'eau chaude... Je veux me parer pour assister au festin des noces du Père Éternel !!! Dépêchez, Julie, ne retardez pas les apprêts du voyage; le temps est précieux, quand il en reste si peu. » Pendant que Julie lui mettait son bonnet : « Allons, Julie, faites un beau nœud. — Je ne suis pas bien habile, Madame. — Il faudra donc que je m'adresse à M. l'abbé. — En fait de nœuds, Madame, un abbé ne l'est guère plus ! — Si ! mon cher abbé, si ! vous savez les faire, et vous en ferez un qui sera indissoluble ! — Ah ! que je regrette qu'il ne soit pas déjà fait ! Qu'il m'eût été doux de connaître l'épouse de mon cher Léon ! de la bénir avec ses enfants ! Dieu ne l'a pas voulu ! Je l'aiderai du haut du ciel à choisir une épouse qui le rende heureux, qui soit aussi bonne épouse qu'il est bon fils ! Rappelez-vous, mon cher abbé, que quand vous leur aurez donné votre bénédiction, je veux que vous y joigniez la mienne; je vous en confie le dépôt; bénissez-les pour une mère qui suivra vos paroles et portera vos vœux vers Celui qui a fait le cœur des mères. »

« L'état dans lequel elle était ne l'empêchait pas de s'occuper des pauvres. Il lui eût été difficile de rompre des habitudes qui avaient fait le besoin de sa vie. Sur son lit de mort, elle reçut une lettre de demande. Elle m'en rendit une avec de l'argent. J'allai voir le solliciteur ; sa porte était fermée, et des personnes qui étaient là me dirent : « On ne le trouve jamais à présent, c'est l'heure où il a bu. » Je vins raconter mon aventure à madame de Costa, en lui demandant si elle persistait dans son offrande. « Oui, répondit-elle, s'il boit, c'est peut-être nécessaire à sa santé. — Dans ce cas, Madame, je vais lui porter de quoi soigner sa santé et boire à la vôtre ! — Oui, mon ami, on dit que les propos des buveurs sont pleins de sincérité ; il en sera de même de leurs prières, et sa lettre me dit qu'il prie pour moi. »

« Elle reçut l'extrême-onction ; par la cérémonie religieuse dont elle était l'objet, elle s'était laissé persuader que c'était dimanche. Comme elle me demandait pour la seconde fois, si ce n'était pas un jour de fête, je lui répondis : « Non, Madame, je vous ai bien déjà dit que c'était jeudi. Eh ! mon pauvre abbé, ne soyez pas étonné de me voir tout confondre, ne voyez-vous pas que ma main laisse tomber le fil des jours ?..... Au reste, quel jour que ce soit, que puis-je vouloir de plus ? J'ai tout ce qui peut aller à l'âme, les grâces de Dieu, les prières de l'Église, l'amour de ma famille, les soins de mes enfants... et les vôtres, excellent abbé! que de bien vous m'avez déjà fait! »

« A mesure que ses derniers moments approchaient, on voyait ses goûts, ses désirs, ses affections se sanctifier de plus en plus; chaque pas qu'elle faisait vers la tombe, était un espace franchi pour la rapprocher du ciel. Je la vis sortir de son sein divers petits objets de piété qu'elle portait toujours sur elle; c'étaient une croix, une petite médaille, des reliques, des cheveux de ses parents! Elle joignit le tout aux anneaux qu'elle avait aux doigts et me chargea d'en faire la distribution, afin d'être dépouillée de tout pour mourir.

«Jusqu'à présent, nous avons vu la femme forte et la chrétienne fervente, maintenant c'est le cœur de la mère qui se dilate. « Oh! combien je suis touchée des soins que me donnent mes chers enfants! Mon cher abbé, je présume tout de leur attachement pour moi. J'ai la consolation de mourir sans qu'ils m'aient donné un jour d'ennui, une heure de chagrin. Quand je ne serai plus, s'il leur arrivait de s'oublier un seul instant, rappelez à leur cœur le souvenir de leur mère! Ce nom pourra tout! j'en ai la confiance; ils sont si bien nés!

« Oh! mes enfants! leur disait-elle, il y a pour moi tant de bonheur à vous voir tous empressés à me faire du bien, que si ce n'était pas si pénible pour vous, je voudrais souvent vous donner cette peine! »

« Les adieux qu'elle fit à son époux sont inénarrables.

« Il était à genoux, tenant collée sur sa bouche la main de son épouse et, comme à l'ordinaire, c'était elle seule qui avait la force de parler. Il y avait quelque temps que cet entretien durait quand j'entrai pour l'interrompre; ce que j'ai entendu m'a fait regretter le reste. « Quand je serai près de Dieu, je demanderai, disait-elle, pour toi les années de bonheur que tu m'as fait passer sur cette terre; oui, mon ami, tu seras encore heureux s'il te rend tout ce que je te dois. C'est toi qui m'as appris à connaître le bien, et je n'avais qu'à t'imiter pour le faire. Ne t'afflige point, mon Victor, nous serons encore unis; la mort ne peut rien sur l'âme où reste l'affection; elle ne peut rien sur les liens qui unissent les cœurs vraiment chrétiens.

« Je te laisse des enfants qui sont dignes de toi; ils feront ta consolation. Verse sur eux l'affection dont j'étais l'objet ; tu verras, mon ami, que ce ne sera pas trop de tout ton cœur pour les aimer. »

« Aussitôt qu'elle m'aperçut, elle me prit la main, la mit dans celle de son époux et disait en les serrant : « Vois-tu, notre ami ! il ne te quittera pas, il y a longtemps que son cœur nous est acquis. »

« Il était huit heures du matin ; son mari, ses enfants, étaient à genoux autour de son lit, lorsque, les bras tendus vers le ciel, les yeux pleins de larmes, elle fit à Dieu cette prière : « Je n'ai rien fait, Seigneur, pour mériter vos miséricordes ! et pourtant mon âme est inondée de vos consolations. Je vous rends grâces, ô mon Dieu ! des délices que vous me fait goûter à cette heure ! Je vous verrai, Seigneur, dans le séjour de votre gloire. Ah ! c'est là que je serai utile à mes enfants. Bénissez-les, comme je les bénis moi-même. Donnez-leur des enfants qui les rendent, je ne dirai pas plus heureux, c'était assez ; mais qui les rendent aussi heureux qu'ils m'ont rendue heureuse moi-même. »

« Enfin, vers les trois heures, survint une oppression pénible ; elle me dit alors : « Abbé, c'est bien difficile de mourir. »

« Elle demanda à se réconcilier et, après l'avoir fait, elle disait : « Qu'on est heureux d'avoir des remèdes si prompts pour rendre la joie du cœur ! Elle se plaignit à madame de Musy de ce que son confesseur ne lui avait point donné de pénitence, elle le rappela pour en avoir une.

« Dans ses derniers moments, elle répétait des actes d'amour, de confiance et de résignation que je lui dictais ; comme j'allais un peu vite : « Abbé, me dit-elle, plus doucement, on ne va pas si vite quand on meurt. »

« Quand j'eus fini, elle baisa un crucifix que je lui montrai, fit lentement le signe de la croix, rejoignit les mains ; à l'instant ses yeux se fermèrent, sa tête, qui était appuyée sur les mains de sa fille, se baissa légèrement. On crut qu'elle s'endormait. Je lui adressai encore une parole, ce n'est qu'au ciel qu'elle fut entendue.

« Le chanoine L. Rendu. »

CHAPITRE VI

Prédications. — Stations de Carême. — Oraison funèbre de Charles-Félix. — De Mgr Martinet. — Réformateur des études en Savoie.

L'abbé Rendu se voua aussi au ministère de la prédication. Il eût été orateur à la mode si l'enseignement ne lui eût ravi les années les plus fraîches de sa vie. Parmi les nombreuses stations de Carême qu'il prêcha, celle de Montpellier en 1837 fit sensation en France.

Voici ce que nous lisons à ce sujet dans le *Journal des Basses-Alpes* du 15 avril ; cet article est d'autant plus remarquable qu'il nous donne comme une photographie de l'ancien professeur, et qu'à cette époque, ils étaient rares ces articles qui font aujourd'hui le mérite de bien des prédicateurs.

« M. l'abbé Rendu, chanoine de Chambéry, a prêché le Carême de Montpellier avec un succès dont nos amis de cette ville nous ont souvent entretenus. Se trouvant, ces jours derniers à Digne, ce savant ecclésiastique, a bien voulu céder aux sollicitations pressantes de notre clergé et nous donner, dimanche, un discours qui a produit sur le nombreux auditoire qui se pressait autour de lui, une impression profonde. L'orateur catholique s'est proposé de prouver la *nécessité de la Foi pour éviter l'erreur et pour connaître la vérité.* Il s'est acquitté de la tâche qu'il s'était imposée de la manière la plus brillante, disons mieux, d'une manière logique, rationnelle, irrésistible. Il nous serait difficile de donner une idée de la manière de M. Rendu. Homme de foi et de savoir, il possède une facilité d'élocution, un entraînement de gestes qui saisit et qui étonne ; si l'on joint à ces qualités les avantages extérieurs dont il est doué, l'éclat de ses yeux noirs et perçants, les mouvements de sa tête ardente dont les cheveux ondoyants semblent s'associer à l'agitation de sa pensée, on aura l'idée d'un orateur entraînant, dans la maturité du talent et de l'âge, animé des sentiments les plus saints qui remuent les fibres du cœur.

« M. l'abbé Rendu, dont l'un de nous a pu apprécier le mérite scientifique par une trop courte conversation, possède des connaissances très-variées, bien que très-profondes. Il s'est surtout occupé de géologie d'une manière spéciale et rien dans cette science ne lui est étranger. L'attrait qu'elle lui inspire est légitimé chez lui, par cette conviction, qu'elle n'est pas aujourd'hui, comme on se plaît à le dire, un arrangement de systèmes bizarres, mais une science de *faits* et d'*observations*. Nous faisons des vœux bien sincères pour que, cédant aux désirs que lui ont exprimés des amis, admirateurs de son beau talent, M. l'abbé Rendu veuille bien prêcher, à Digne, le Carême de 1838. »

Le chanoine Rendu prononça deux Oraisons funèbres : celle du roi Charles-Félix et celle de Mgr Martinet, archevêque de Chambéry. La Chancellerie Royale, avant d'accorder le permis d'imprimer, exigea, pour la première, que l'orateur chrétien supprimât le récit de la conspiration de 1821, dans laquelle s'était compromis Charles-Albert, le nouveau Roi; qu'il n'accusât pas de perfidie et d'impiété les ennemis des Jésuites, que Charles-Félix avait appelés dans ses États;

qu'il s'abstînt de parler de *ces poignards qui se cachent*, etc. Tel était l'esprit de cette cour de Turin, pieuse, mais *carbonarienne* et toujours jalouse envers l'Église.

Le chanoine Rendu n'accepta ni de cacher ni de trahir la vérité; il répondit au ministre que l'Oraison funèbre ne paraîtrait pas. Le ministre céda; une permission de Turin arriva sans condition, et le discours fut publié, à Lyon, aux frais de la ville de Chambéry.

Dans l'Oraison funèbre de Mgr Martinet, l'abbé Rendu montre que l'archevêque de Chambéry fut, toute sa vie, l'homme de Dieu et l'homme du peuple : *Dilectus Deo et hominibus.*

Une des gloires de ce Pontife, fut d'avoir, pendant son laborieux épiscopat, travaillé à rétablir l'union si désirable de l'Église et de l'État, que tout conspire à briser de nos jours. Malgré trente ans de luttes et de discussions, les idées que l'abbé Rendu développa, sur ce point, dans son discours, sont encore aujourd'hui d'une orthodoxie qui surprend. Mais telle sera toujours la part heureuse de ceux qui, dans la solution des problèmes difficiles, se tiennent à la main de l'Église; elle seule possède, dans son enseignement, le premier comme le dernier mot de la science universelle.

Cette part fut toujours choisie par l'abbé Rendu.

Cependant l'enseignement, qu'il avait cédé avec regret, l'appela de nouveau en 1839. Charles-Albert le nomma Réformateur des études et Visiteur des écoles primaires et secondaires de la Savoie. Cette fonction, qui était tout à fait de son goût, ne le conserva pas longtemps. En 1843, le chanoine Rendu fut appelé à un ministère auquel ses études semblaient ne l'avoir point préparé. Homme de société, il allait beaucoup dans le monde; mais il eut le singulier mérite de savoir unir ce qu'il convient de donner au monde, sans cesser d'être bon prêtre. Homme de science, il a pu dire en mourant *qu'il ne l'avait jamais recherchée ni pour lui ni pour elle, mais pour servir l'Église.* Il y a donc, dans son esprit, du savoir; dans son cœur, l'amour de l'Église; Dieu l'appelle et lui dit : *Quitte cette terre que tu aimes et va dans celle que je te montrerai.* Cette parole causa de grands déchirements à son âme; mais le prêtre est prêtre, non pour lui; il ne l'est que pour les autres, et ne doit savoir qu'une chose : obéir et se donner.

LIVRE DEUXIÈME

ÉVÊCHÉ D'ANNECY

CHAPITRE PREMIER

Négociations.—Refus.—Insistance du Roi. — Mgr Charvaz. — L'Archevêque de Chambéry. — Acceptation.— Lettre des prêtres en retraite à Annecy.

Le 31 janvier 1842, à neuf heures du matin, expirait le grand et illustre évêque d'Annecy, Mgr Rey, dont la vie émouvante a été écrite par M. le chanoine Ruffin. Quelques mois de veuvage s'étaient écoulés pour l'Église d'Annecy, lorsqu'un prêtre de Chambéry reçut du Ministre de la justice, chargé des affaires ecclésiastiques, la lettre suivante :

Raconis, le 29 juillet 1842, 9 h. du soir.

« Monsieur l'abbé,

« Je sors de chez le Roi, et je ne veux pas retarder d'un instant l'exécution des ordres, je ne dirai pas, dont je suis chargé, mais dont je suis enchanté et heureux. Sa Majesté m'ordonne de vous dire que la volonté de Dieu et la sienne vous appellent à l'évêché d'Annecy. Vous n'avez jamais manqué de dévoûment, et quand la confiance de notre bon Roi fait un appel à votre zèle, à vos vertus, vous ne résisterez pas. Un homme de cœur a toujours le courage de la circonstance. Laissez les refus aux faibles; mais vous, qui êtes fort et prêt à tous les combats, vous ne faiblirez pas en présence d'une difficulté que vous mesurerez sans doute, mais que vous surmonterez. La résignation aux desseins de la Providence est une vertu aux yeux de Dieu et des hommes, et souvent elle est plus méritoire que l'orgueil d'un refus, ou la trop grande humilité de ceux qui fuient le danger, qu'il est beau de considérer en face et d'affronter dans l'intérêt combiné de la religion et de la société, *également menacées*. Mais à quoi bon toutes ces exhortations, quand je n'ai qu'un mot à dire? Le Roi vient de s'exprimer comme suit : *Annoncez-lui que j'ai fixé mon choix sur lui, et que je veux qu'il accepte.* Quand le Roi veut, c'est le devoir qui oblige, la reconnaissance qui entraîne et l'honneur qui commande. Je n'ajouterai rien après cela, car ce serait douter de vous.

« Que toute communication soit secrète entre nous. Répondez-moi, courrier par courrier, une lettre qui prouve que votre dévoûment est à la hauteur de la confiance que le meilleur des maîtres aime à vous accorder. J'attends avec impatience votre réponse, et vous préviens que je jette au feu toute lettre qui ne sera pas telle que je l'espère.

« Recevez, en attendant, l'hommage de ma vénération, celui de mon attachement invariable et des sentiments de haute considération avec lesquels je suis

« Votre très-humble et obéissant serviteur et ami,

« Avte. »

A cette lettre, il fut répondu de la manière suivante :

Chambéry, 3 août 1842.

« Excellence,

« La lettre dont Votre Excellence a bien voulu m'honorer, en date du 29 juillet, m'a jeté dans une étrange perplexité. Votre Excellence me demande une prompte réponse. Quoiqu'il s'agisse d'une décision de la plus grande importance pour moi, je ne suis point embarrassé pour la faire. Le public qui n'avait pas eu de la peine à reconnaître que, plusieurs fois déjà, j'avais été l'objet des bontés particulières de notre auguste Souverain, avait d'avance interprété ses intentions et m'avait fait entendre des prévisions auxquelles je ne croyais pas, mais qui m'avaient cependant donné lieu à sonder mon cœur.

« C'est au milieu d'une retraite ecclésiastique que m'a surpris la lettre de Votre Excellence, et les pensées si sérieuses que donnent ces exercices religieux n'ont fait que me fortifier dans la foi à mon indignité.

« Veuillez, Monsieur le Comte, me permettre deux mots sur moi-même. Je ne veux point faire parade d'une modestie d'ostentation en reculant devant un fardeau qui m'est présenté; mais il est des choses qu'on ne peut se dissimuler à soi-même.

« J'ai cinquante-quatre ans, Monsieur le Comte, et, à cet âge, il est bien difficile de se rendre apte à fournir une carrière à laquelle on est resté jusque-là entièrement étranger. Jusqu'ici, ma vie a été vouée à l'enseignement; et, si je l'ai quitté pendant quelque temps, ma volonté n'y était pour rien. Mes goûts, mes habitudes, mes travaux, tout m'y reportait et le jour où il a plu à notre bon Roi de m'y faire rentrer, en me nommant Réformateur des études, a été l'un des plus beaux de ma vie, parce que j'avais la prétention d'être à ma place.

« Mais administrer un évêché, cette seule pensée m'effraie malgré le courage que la bonne lettre de Votre Excellence s'efforce de m'inspirer. La science de l'administration spirituelle m'est étrangère ; l'habitude même qui pourrait, jusqu'à un certain point, y suppléer me manque complétement. Je ne trouve rien en moi, absolument rien, qui puisse inspirer la confiance à un clergé aussi nombreux, et je puis dire, aussi distingué que l'est celui d'Annecy, et cependant la confiance est bien nécessaire pour le succès.

« Le diocèse d'Annecy offre peut-être plus de difficultés qu'un autre par ses contacts avec le canton de Genève qui l'entoure et la Suisse qui le touche ; ces difficultés croissantes ne font que rendre mon inaptitude plus sensible et plus grande.

« S'il faut, Monsieur le Comte, vous faire l'aveu de ce qui m'épouvante le plus, c'est que, quand je porte mes pensées sur la grandeur et la sainteté de l'épiscopat, je me sens écrasé sous le poids de mon infirmité.

« Je ne parle point de mes goûts pour le repos, pour les travaux littéraires et même pour un certain genre de vie et d'occupations à mon choix ; ces motifs renferment trop d'égoïsme pour qu'un prêtre puisse les mettre en avant pour se soustraire au travail qui a pour but la religion et le salut des âmes.

« Veuillez, Monsieur le Comte, prendre auprès de notre bon Roi les intérêts du beau diocèse d'Annecy et le prier de porter ses vues sur un sujet plus digne et plus capable de maintenir l'œuvre de saint François de Sales. Mais en même temps, veuillez être assez bon pour déposer, à ses pieds, des sentiments de reconnaissance, de vénération et j'ose dire d'amour, qui sont trop profondément gravés au fond de mon âme pour trouver une expression capable de les rendre. Je suis tout couvert de ses bienfaits, je ne désire plus que d'en jouir en repos, en priant Dieu de le conserver pour mon bonheur et celui de ses sujets.

« Et vous, Monsieur le Comte, permettez que je place ici l'expression de ma reconnaissance pour la part que vous avez bien voulu prendre à tout ce qui m'est arrivé de bien jusqu'à ce jour. Les paroles si encourageantes de votre lettre m'ont vivement ému parce qu'elles viennent d'une âme généreuse et plus forte que la mienne.

« Agréez, etc.
« L. Rendu, Chanoine. »

Le refus paraît bien sincère, et l'abbé Rendu devait croire qu'appuyé sur de telles raisons, il serait accepté ; la lettre suivante pesa puissamment sur sa détermination.

Turin, 8 août 1842.

« Monsieur le Chanoine et cher ami,

« Étant à Turin depuis trois jours, j'ai vu Son Exc. le Garde des sceaux qui m'a parlé de votre refus de l'évêché d'Annecy et qui en est très-affligé. Il regarde comme certain que s'il va faire ce rapport au Roi, il en sera fâché et pourra faire une nomination qui sera regrettable pour le diocèse d'Annecy et pour toute la Savoie. Il pourrait d'autant plus en éprouver de l'impatience que c'est le troisième refus qu'il essuie dans cette circonstance.

Vous comprenez combien il serait fâcheux de voir arriver un étranger sur le siége de saint François de Sales. Ayez donc courage ! Je sais que personne, dans ce beau diocèse, ne vous refusera son concours, et vous savez que vous avez eu, pour ce poste, l'assentiment de notre vénérable archevêque de Chambéry ; je ne compte pour rien le mien qui vous était acquis par les droits de l'amitié. J'espère que, dans peu de jours, je saurai votre acceptation.

« Adieu, votre tout dévoué serviteur et ami,

« ANDRÉ, évêque de Pignerol ».

Pendant que Monseigneur Charvaz s'aidait à pousser ainsi le fardeau sur les épaules tremblantes de l'abbé Rendu, Son Exc. le Garde des sceaux écrivait les mêmes choses à Mgr Billiet, archevêque de Chambéry, qui fit appeler le chanoine, lui fit un cas de conscience de son acceptation. Elle eut donc lieu le jour de l'Assomption 1842, et fut transmise immédiatement au Ministère.

Dans sa lettre officielle, le comte Avet se félicite encore une fois d'avoir été choisi pour annoncer à l'abbé Rendu sa nomination à l'évêché d'Annecy, il se plaît à croire qu'il en rejaillira (*redondare*) un grand bien sur cette Eglise qui va être pourvue d'un aussi digne Pasteur.

Cependant, ce ne fut pas sans quelque prévention, que cette nomination fut accueillie dans le diocèse d'Annecy. L'abbé Rendu y était précédé d'une réputation de savoir que personne ne mettait en doute, mais de là, à gouverner un diocèse, le pas est immense.

On savait qu'il n'avait pas fait de ministère; on craignait qu'il ne connût pas assez l'Écriture sainte et les Pères, et que son administration n'eût à en souffrir. *Il reçut des lettres qui redoublèrent ses alarmes;* les encouragements furent plus nombreux.

Le clergé d'Annecy était réuni au Grand Séminaire, en retraite pastorale, lorsque la nomination du nouvel évêque y arriva. Voici la lettre que Monseigneur avait conservée et que MM. les Archiprêtres présents à la retraite lui adressèrent à Chambéry.

Séminaire d'Annecy, 5 septembre 1843.

« Monseigneur,

« Vous voilà donc destiné à être notre Évêque, notre guide et notre modèle. Depuis que le ciel nous a ravi le pontife illustre que nous chérissions et que nous vénérions comme un père, nous n'avons cessé de lui en demander un nouveau; nos vœux sont enfin satisfaits.

« En terminant notre retraite ecclésiastique, nous éprouvons le besoin, Monseigneur, de vous offrir tous ensemble et avec *l'accord le plus unanime*, l'hommage de notre respect et de notre soumission. Nous vous supplions, Monseigneur, de venir au milieu de nous avec toute confiance; nous vous promettons l'attachement le plus consciencieux. Vous serez notre père et nous serons vos enfants; nous vous entourerons de notre amour et de notre vénération. Nous le ferons par devoir et nous avons aussi l'assurance que les heureuses qualités qui vous distinguent, nous rendront ce devoir, tout à la fois, doux et facile.

« Nous aimons à vous le répéter, Monseigneur, nous n'aurons tous qu'un cœur et qu'une âme pour travailler sous votre conduite, à la gloire de Dieu, au salut des fidèles et à la sanctification de nos âmes.

« Agréez, Monseigneur, ce premier témoignage du filial et religieux respect avec lequel nous sommes tous et nous serons toujours,

« Monseigneur,

« Au nom de tous les retraitants et de tout le clergé du diocèse d'Annecy, vos très-obéissants prêtres :

> DUBOIN, archiprêtre, curé de Cluses ; DELÉTRAZ, supérieur du Séminaire de la Roche ; DELESMILLIÈRES, archiprêtre, curé de Thonon ; FLEURY, recteur de Vailly, archiprêtre ; PERISSOUD, archiprêtre, curé d'Évian ; ANTHOINE, archiprêtre, curé de Samoëns ; DUPERRIER, archiprêtre, curé de Bonneville ; LAVOREL, curé, plébain de Thônes ; DUNOYER, archiprêtre, curé de Frangy (1) ; NAZ, curé doyen de Viry ; MILLET, archiprêtre, curé de Chaumont ; JACQUIER,

---

(1) Depuis lors, il devint curé de Genève. Dans une assemblée générale du clergé, il donna sa démission dans l'église de Versoix, en faveur de M. Mermillod. Aujourd'hui Mgr Dunoyer est Protonotaire Apostolique et Vicaire Général honoraire.

recteur de Villard, archiprêtre ; Dufour, recteur de Gruffy, archiprêtre ; Balmand, recteur, archiprêtre de Thorens ; Pachon, archiprêtre, recteur d'Arbusigny ; Besson, archiprêtre, recteur de Saint-Jorioz ; Comte, archiprêtre, curé de Marcellaz ; Duret, archiprêtre, recteur de Massongy (1). »

(1) Il est à regretter que pas un de ces noms de prêtres, d'ailleurs respectables, ne soit précédé au moins de l'initiale du nom de baptême, qui est celui du chrétien. Ce n'est pas de cette manière que signait saint Louis, Roi de France.

CHAPITRE II

Préconisation. — Députation d'Annecy. — Prise de possession. — Sacre. — Départ pour Turin. — Arrivée.

Dans des mémoires, écrits de sa main, Monseigneur raconte la cérémonie de son sacre de la manière suivante :

« J'ai été préconisé, à Rome, par S. S. le pape Grégoire XVI. Aussitôt que la nouvelle en fut connue, la ville d'Annecy, par l'organe de son conseil municipal, vint me témoigner le désir que la cérémonie du sacre de son évêque se fît à Annecy même. Une députation, composée du syndic et d'un autre membre du conseil, vint, à Chambéry, me demander cette faveur. Déjà la pensée et le désir s'étaient élevés dans mon cœur d'être sacré auprès des reliques du plus grand de mes prédécesseurs. C'était pour moi une immense consolation et un grand encouragement de penser que je serais soutenu, conseillé et éclairé par le saint et aimable Protecteur de ce diocèse qui avait été son héritage.

« La députation du conseil d'Annecy, présidée par M. le syndic et docteur Lachenal, à laquelle s'adjoignit M. le général de Launay, se présenta à S. G. Mgr l'archevêque de Chambéry, qui devait être le prélat consécrateur, pour lui demander de se transporter à Annecy, pour la cérémonie du sacre; l'archevêque promit.

« Il était nécessaire, pour recevoir, dans le palais, Nos Seigneurs les évêques qui devaient assister au sacre, que je prisse possession de l'évêché et du diocèse avant même d'être sacré; j'en demandai l'agrément, ce qui me fut accordé.

« Il y avait un précédent de cette manière de faire : Mgr de Thiollaz avait pris possession de l'évêché et du diocèse et l'avait administré un mois avant son sacre, qui eut lieu à Turin. Aussitôt que j'eus connaissance de ma préconisation, je donnai, avec bien du regret, ma démission de réformateur des études et de beaucoup d'autres; puis, à la réception des bulles, j'allai faire une retraite spirituelle au milieu des bons religieux de Haute-Combe. Je passai vingt jours dans cette délicieuse solitude, à préparer mon âme aux saintes fonctions que j'allais bientôt remplir.

« Le 9 avril 1843, dimanche des Rameaux, eut

lieu le sacre dans l'église de Saint-Pierre d'Annecy. J'étais le premier évêque consacré dans la ville de saint François de Sales. Mgr l'archevêque était assisté de NN. SS. les évêques de Maurienne, de Tarentaise et de Mgr de Bethléem, abbé de Saint-Maurice en Valais.

« Le lendemain matin, sans faire aucune visite, je partis pour Turin, afin de remercier Sa Majesté, notre auguste Souverain, et prêter entre ses mains le serment d'usage. Je dînai à la cour et je reçus un anneau de la reine Marie-Christine. Arrivé à Turin pendant la semaine sainte, je suis allé passer les fêtes de Pâques chez Mgr l'évêque de Pignerol et demander bien des conseils à celui qui avait tant contribué à placer sur mes épaules le fardeau de l'épiscopat. Ce saint et savant prélat voulut me faire célébrer la messe pontificale dans sa cathédrale et je cédai à ses ordres. A Turin, par ordre de Mgr Fransoni, j'administrai la confirmation dans une communauté de religieuses, et après avoir prêté le serment et salué les Reines je repartis pour la Savoie.

« Parti de Chambéry à six heures du matin, j'arrivai à dix heures aux frontières du diocèse, où je fus complimenté par M. le curé de Gruffy et tous les prêtres de son archiprêtré. Dans le bourg d'Alby, je le fus par M. le chevalier de Cortenzone, Intendant du Genevois, qui avait fait élever un arc de triomphe sur les limites de sa province. Sur les hauteurs des Fourches, je fus reçu par le Prévôt, accompagné du Chapitre; plus loin, par le Grand Séminaire et tous les directeurs; plus loin encore, par le Supérieur du Petit Séminaire et tous les professeurs du collége. A la frontière du territoire d'Annecy, je fus reçu par M. Chaumontet, accompagné d'une partie du conseil de ville, et ensuite escorté d'une nombreuse et brillante garde d'honneur à cheval. Arrivé au couvent de la Visitation, où les sœurs nous servirent à dîner, j'ai été reçu et complimenté par M. le docteur Lachenal, syndic de la ville.

« A trois heures, je suis sorti de l'église de la Visitation, couvert des ornements pontificaux. Précédé du clergé et des autorités civiles, j'ai fait mon entrée à la cathédrale, où j'ai remercié tout le monde tant bien que mal, ou plutôt très-mal, car j'étais tellement ému et troublé de tout ce que j'avais vu et entendu que je ne savais trouver aucune parole pour exprimer mes sentiments. »

CHAPITRE III

Premiers travaux. — Triduum des Allinges. — Sépulture de M. Vuarin, curé de Genève. — Visites pastorales. — Le comte Pillet-Will. — Une faute d'orthographe. — Établissement des chaires de droit canon et d'éloquence. — M. Magnin.

Dès ce jour, sa vie d'évêque était commencée; il n'a fait que suivre le programme qu'il s'était tracé dans la Lettre pastorale qu'il adressa, à son arrivée, au clergé et aux fidèles de son diocèse. On n'a qu'à tourner chaque page de ce beau Mandement, pour voir ce qu'il a accompli tous les jours de sa vie. Après avoir fait à Chambéry, qu'il habitait depuis près de quarante ans, ses derniers adieux, il mesure, d'un regard austère et sûr, tous les devoirs qui l'attendent. Une seule chose semble lui sourire, c'est de se mêler un jour au peuple, c'est de courir après les âmes, et il les poursuivra jusque dans les montagnes les plus reculées, parce que c'est là surtout, dit-il,

« que le Dieu qui s'est fait entendre sur le Sinaï
« et sur le Thabor, parle aux âmes pures, et que,
« plus rapprochées du ciel, elles en comprennent
« mieux le langage. »

En 1843, il assista au triduum de septembre, qui se célèbre tous les ans aux Allinges, dont la colline est encore couronnée des ruines du château fort où saint François de Sales se rendait tous les soirs pendant la mission du Chablais. En passant par Genève, il assista à la sépulture de l'illustre M. Vuarin, curé de Genève, et, rencontrant, sur son passage, un jeune homme de Lancy, il le plaça au collége de Thonon et lui fit faire, à ses frais, ses études jusqu'à la prêtrise. Donner de l'instruction et préparer des élèves pour le sanctuaire, était une de ses œuvres de prédilection.

Les cinq premières années de son épiscopat furent presque exclusivement consacrées aux visites pastorales. Partout il encourage la création des écoles, la construction des églises, la réparation des presbytères, et, pour l'aider dans ce grand travail de restauration, Dieu lui envoya un ami incomparable; ce fut le bon, le généreux comte Pillet-Will. Ces deux grandes âmes se sont rencontrées, elles se sont comprises, et grâce à une amitié sans pareille, le seul diocèse d'Annecy a reçu, pour tous les genres de bonnes œuvres, près d'un million, dont cet insigne bienfaiteur de la Savoie crut doubler le mérite, en le faisant passer par les mains de son doux ami.

Le trait suivant donnera la mesure de leur intimité. M. le comte Pillet-Will aimait passionnément la musique et composa plusieurs morceaux, dont Monseigneur lui demanda de faire cadeau à l'académie de Savoie.

« Monseigneur, lui écrivit le comte, j'accorde ce que vous me demandez, mais je dois vous dire qu'académie ne s'écrit qu'avec un c, et vous en avez mis deux. »

Monseigneur, qui commettait toujours cette faute, lui répondit : « J'en effacerai un, mais je vous prie de les retrancher tous les deux, et c'est pour la première fois qu'on aura vu des académiciens sans c (sensés).

— Oh ! Monseigneur, repartit le comte, votre calembourg fait fortune ; demandez-moi tout ce que vous voudrez. »

L'évêque lui écrivit : Monsieur le Comte, je ne vous demande qu'une chose, c'est de rétablir le c que vous avez effacé hier, car je vois que vous êtes content quand vous avez un académicien avec c (*à vexer*). »

Monseigneur créa au Séminaire deux chaires nouvelles : celles de droit-canon et d'éloquence sacrée.

Un prêtre ferme et doux revenait de Turin, où il avait été précepteur dans l'illustre famille Alfieri; c'était l'abbé Magnin; Monseigneur lui confia les deux chaires qu'il venait de fonder. Après la mort du vénéré M. Lamouille, M. Magnin fut nommé Supérieur du Séminaire, et aujourd'hui il est le successeur de Mgr Rendu.

CHAPITRE IV

Révolution de 1848. — La Suisse et Mgr Marilley. — La France et Louis-Philippe. — Le Piémont et Charles-Albert. — La Constitution. — Les Chambres. — Fêtes du Statut. — Loi Siccardi. — Attaques. — Réponse.

Enfin 1848 se leva et ouvrit l'ère des révolutions, qui ont bouleversé l'Europe et le monde. C'est de la Suisse que l'étincelle s'envola, et lorsque le Sunderbund fut vaincu, c'était la cause catholique qui était perdue.

Mgr Marilley, évêque de Lausanne et de Genève, fut arrêté dans son palais. « Monseigneur, lui dit un agent de police, nous avons ordre de vous prendre. » L'évêque répondit avec douceur : « *Eh bien! partons, je suis prêt.* » Il fut conduit au château de Chillon, antique prison féodale, dont les murs plongent dans les eaux du lac de Genève. Après deux mois de souffrances dans cet humide séjour, où on lui donna le costume rayé et le pain noir des prisonniers d'État, il fut jeté en exil à la frontière française, qui lui fut hospitalière. M. le comte de Divonne offrit un asile à l'illustre proscrit, qui passa au château de Divonne ses huit années de bannissement.

Jamais les puissances catholiques ne se justifieront aux yeux de l'histoire, de la faute qu'elles ont commise lorsqu'elles ont abandonné la Suisse catholique au droit du plus fort. Mais qu'espérer? la foi n'était plus assise sur le trône de saint Louis, et quand une âme généreuse et indépendante, M. de Montalembert, eut signalé à la chambre des Pairs le crime de la France, c'était trop tard.

Aussi tout se tient, tout se lie et s'enchaîne dans l'édifice social; quand on arrache une pierre en sacrifiant un principe, il y aura des ruines. Ces ruines furent grandes. La France pencha un instant sur l'abîme; un sang pur (1) teignit les barricades de Paris, et Louis-Philippe s'en alla mourir en exil.

M. de Maistre disait de la Sardaigne : « Petit État, grande monarchie! » En effet, ce royaume

---

(1) Mgr Affre, archevêque de Paris, frappé par une balle inconnue, prononça en mourant ces mots sublimes : « Puisse mon sang être le dernier versé! »

était l'un des plus heureux du monde; c'était une famille, dont le roi était le père, et tous ses sujets, les enfants. Charles-Albert surtout régnait bien plus par l'amour que par les lois. Mais cette famille ambitieuse n'aspirait qu'à grandir, et cédant aux sollicitations de la franc-maçonnerie italienne, dont il était membre, Charles-Albert donna une constitution; ouvrit des chambres et appelait son malheur. Il le comprit un jour, ce fut lorsque, prenant si tristement le chemin d'Oporto, où il allait mourir de chagrin et de honte, il disait : *ce sont les avocats qui m'ont perdu.*

Le bon évêque d'Annecy, simple et droit, se réjouissait de voir son pays associé à la vie des grandes nations. Il y eut fête à l'évêché, le jour où fut proclamée la Constitution. Je souhaite la bienvenue, disait-il, aux nouvelles libertés, mais surtout à celles qui iront jusqu'au peuple. La liberté de la parole, qui en profitera? Les avocats et personne autre. La liberté de la presse? Le peuple n'a pas le temps de lire. Mais le sel à bon marché! Ah! voilà ce que le peuple goûtera davantage.

Les fêtes du statut ne furent pas de longue durée. Les Chambres, à peine ouvertes, déclarèrent la guerre à l'Église ; la presse et la parole furent aussitôt déchaînées contre elle. L'une des premières lois, portées par les Chambres, fut la suppression des immunités ecclésiastiques et du privilége des clercs. Pour des cas très-restreints, l'Église recevait auparavant le secours du bras séculier ; et, chose admirable ! quand la loi Siccardi parut, elle ne trouva, dans les prisons, qu'un seul prêtre dans un diocèse qui en comptait plus de six cents.

Comme bénéfice de la liberté de la presse, Annecy vit paraître un journal, ayant pour titre : *le National Savoisien*. Monseigneur ne put être témoin des attaques dont l'Église était l'objet de la part du gouvernement, sans prémunir son clergé contre les tendances du nouveau régime. C'est ce qu'il fit par une circulaire adressée à messieurs les curés, que le *National* s'empressa de reproduire dans un article où les injures remplaçaient les raisons. La bataille était engagée, et Monseigneur y répondit par une lettre que sa longueur ne nous permet pas de donner tout entière.

Un fragment suffira pour montrer que l'évêque n'a pas fléchi.

« Le statut fondamental, disait-il, a été reçu de tout le clergé comme une proclamation de la liberté. Or, voulez-vous savoir ce qu'en veulent faire certains députés? Ils demandent qu'on proscrive les *affiliés*. Sans doute que pour eux, proscription et liberté, c'est la même chose!... Ils demandent que l'on arrache au peuple les hommes qui se dévouent à sa direction morale pour les enrôler dans les armées. Ils nous reportent aux temps barbares, où le prêtre pouvait mettre la cuirasse sur la chasuble, c'est rétrograder un peu loin! Ils veulent obliger un évêque (1) à porter l'eau bénite sur le cercueil d'un excommunié, comme ils pourront le demander pour un juif ou pour un idolâtre. Nous n'osons pas affirmer qu'ils osent le faire au nom de la liberté de conscience, mais ils sont de cette force. Ils approuvent qu'on saisisse le mort et qu'on lui

---

(1) Mgr Fransoni, l'illustre et pieux archevêque de Turin avait ordonné que les honneurs de la sépulture ecclésiastique fussent refusés à M. de Santa-Rosa qui avait voté la loi Siccardi et qui était mort sans rétractation. L'Archevêque fut exilé de son diocèse, vint habiter Genève, où il reçut souvent une bienveillante hospitalité, aux Paquis, chez madame la comtesse de Montailleur ; puis il se fixa à Lyon où il mourut.

impose la religion qu'il a repoussée de son vivant. L'Église, par le ministère du prêtre, s'était approchée du lit du mourant pour lui dire : Voulez-vous que je vous accompagne dans le terrible passage qui sépare et unit les deux vies? Voulez-vous que je vous suive jusqu'au bord de la tombe avec des paroles de paix et de pardon ? Il répond : Non. Docile à la loi du Seigneur qui a dit : S'il n'écoute pas l'Église, *qu'il soit pour vous comme un païen*, le prêtre se retire en respectant la liberté du mourant. Mais voilà que des hommes attendent qu'il ait expiré, le prennent et lui disent : Malgré toi, tu seras catholique et l'on obligera le prêtre à s'associer à cette indigne violence! et les députés demandent qu'on punisse la juste résistance du sacerdoce. L'esprit, qui anime nos Chambres, se révèle assez par cette double tyrannie contre les vivants et contre les morts. »

Quelques mois avaient suffi pour rendre la révolution populaire. Pendant les soirées du carnaval, une multitude avinée se promenait dans les rues à la lueur des torches, et criait sous les fenêtres de l'évêché, à bas les Jésuites! vive la Constitution! Voilà comment on remercie le prêtre quand il défend le peuple et la liberté.

CHAPITRE V

Censure des Mandements. — Démission de Mgr Charvaz. — Mandement manuscrit de Mgr l'évêque d'Annecy.

On savait, en attaquant l'Église, que les évêques resteraient debout pour la défendre ; or, pour enchaîner leur parole, le ministère exigea que leurs Mandements fussent soumis à la censure. C'est alors que Mgr Charvaz, évêque de Pignerol, protesta en donnant sa démission. Bossuet aurait donné sa vie pour la liberté de l'Église, dit-il au roi ; je ne puis que donner ma démission et je le fais. Le roi accepta et l'évêque vint habiter la Savoie. Mgr Rendu protesta d'une autre manière. Pour échapper à la censure du gouvernement, il dicta, pour le carême de 1848, aux séminaristes un mandement, qui fut envoyé, écrit à la main, dans toutes les paroisses.

Nous croyons devoir le citer ici parce qu'il est

comme la préface de l'histoire de l'Eglise de Savoie dans ces tristes jours.

Louis Rendu, par la grâce de Dieu et du Saint-Siége apostolique, etc. Au clergé et aux fidèles de notre diocèse, salut et bénédiction.

« Nous venons, Nos très-chers frères, vous
« annoncer, pour le 8 mars prochain, l'ouverture
« de ces jours de pénitence, par lesquels l'Église
« veut, chaque année, préparer nos cœurs aux
« saintes joies de la résurrection du Sauveur.
« *Dans l'impossibilité où nous sommes de nous en-*
« *tretenir avec vous aussi longuement que nous*
« *l'aurions désiré,* nous nous bornerons aujour-
« d'hui, Nos très-chers frères, à vous exhorter à
« vivre dans la charité du Seigneur, afin que le
« monde connaisse que vous êtes de véritables
« enfants de Dieu. Dans un temps où la liberté
« religieuse semble menacée dans presque tous
« les pays, il est plus nécessaire que jamais que
« les chrétiens fidèles se resserrent autour des
« ministres de l'Église et que les ministres de
« l'Église redoublent de zèle, d'amour et de dé-
« voûment pour les fidèles. Quand le lien qui les
« unit, tient d'un côté à la conscience et de l'au-
« tre à la main de Dieu, ils n'ont rien à craindre

« des efforts de l'ennemi du salut. Soyez donc,
« Nos très-chers frères, remplis de confiance dans
« cette Église, que Jésus-Chrit, son divin Fonda-
« teur, a promis de soutenir jusqu'à la fin des
« siècles. Continuez à entourer ses prêtres du
« respect, de l'amour et de la considération dont
« ils ont besoin pour établir le règne de Dieu dans
« vos âmes.

« Et vous, Nos vénérables Coopérateurs, vous,
« qui avez tout quitté pour obéir à la voix de
« Dieu qui vous a appelés dans les paroisses;
« vous, qui vivez à côté du peuple, qui consumez
« vos jours à l'instruire dans la science de Dieu,
« à le consoler dans ses misères, à lui inspirer
« l'amour des vertus chrétiennes; continuez à le
« guider dans les voies du salut et à lui expliquer
« les motifs des efforts continuels que vous exigez
« de lui. Rappelez-vous surtout que vous êtes le
« soutien de ceux que repousse le monde qui mé-
« connaît les saintes lois de l'Évangile. Pendant
« l'année malheureuse qui vient de s'écouler
« (1847 fut une année de famine et de misère),
« vous avez montré ce que peut la charité chré-
« tienne pour soulager les pauvres; quoique pau-
« vres vous-mêmes, vous avez su, en retranchant

« sur le nécessaire et en sollicitant la charité de
« vos paroissiens, trouver le moyen de multiplier
« les secours et d'ajouter le pain matériel de la
« vie au pain spirituel de la parole de Dieu qui
« élève les âmes. Continuez à veiller auprès de
« ceux qui souffrent, car toute souffrance n'est
« pas finie ; vous aurez toujours des pauvres au
« milieu de vous et, par conséquent, toujours
« l'occasion de vous montrer les dignes disciples
« de celui qui a été sur la terre le plus tendre
« ami des pauvres. Pasteurs et fidèles, que toutes
« vos actions se fassent dans la charité. Regardez
« la charité comme la reine de toutes les vertus !
« Aimez-vous les uns les autres comme Jésus-
« Christ vous a aimés. Si nous nous aimons les
« uns les autres, Dieu demeure en nous et sa cha-
« rité envers nous est parfaite ; tandis que celui
« qui n'aime pas est dans un état de mort. Priez
« pour notre auguste Monarque, pour la famille
« royale, pour notre Saint-Père le Pape et pour
« toute l'Église.

« Donné en notre palais épiscopal d'Annecy, le
« 6 février 1848.

« † Louis, évêque d'Annecy. »

CHAPITRE VI

Sécularisation du mariage. — **La** loi est votée à la Chambre des députés. — **Elle** est rejetée au Sénat. — Expulsion des Jésuites. — **Les Filles** de la Compassion de Contamines. — **Les Chartreux du Reposoir**. — **Loi** des suspects. — **Attaques** contre le **Clergé**.

La marche de la révolution est uniforme, et l'une des choses qu'elle s'empresse de maltraiter, c'est le mariage. Une législation que l'Église accepterait, sans doute, c'est celle que l'Angleterre suit pour les mariages catholiques. L'État reconnaît le mariage religieux et c'est justice, car il n'y en a pas d'autre. Seulement, la loi exige qu'un officier civil assiste à la cérémonie, afin de constater qu'elle a eu lieu.

Il suffit donc aux époux de prévenir l'État du jour de la célébration du mariage; l'État s'y fait représenter et le mariage est reconnu civilement. En Savoie et en Italie, le droit canon seul réglait les causes matrimoniales, c'est-à-dire qu'un mariage était légal aux yeux de l'État quand il était valide aux yeux de l'Église. Une loi fut donc proposée pour découronner le mariage de l'auréole du sacrement et le réduire à des formalités civiles; mais grâce à une lettre de Pie IX au Roi, et à un mémoire adressé par Mgr d'Annecy aux Sénateurs, la loi votée déjà par la Chambre des députés eut le bonheur d'échouer au Sénat.

Comme ils l'avaient été en France, à Fribourg et à Schwitz, les Jésuites furent, en Piémont, un prétexte dont on se servit pour attaquer l'Église. Le mot d'ordre fut encore le même. Les Jésuites furent donc chassés des États Sardes, et Monseigneur eut le chagrin de voir le député de la ville de saint François de Sales voter la loi de leur expulsion. Qu'est-ce qu'un évêque, alors, ne doit pas souffrir? Le collége de Mélan, que dirigeait la Compagnie de Jésus, fut fermé dès le lendemain.

D'humbles filles, sous le titre de Notre-Dame de Compassion, soignaient depuis deux siècles, à Contamines-sur-Arve, les malades et les pauvres, et faisaient l'école aux enfants du village. Un avocat du pays, à qui leur propriété aurait fait plaisir, les dénonce à la haine du gouvernement. Monseigneur adressa au Ministre des Cultes, en leur faveur, un mémoire qui aurait dû forcer la justice s'il y en avait encore eu pour les honnêtes gens. Tout fut inutile : elles furent emportées par l'orage, et leur propriété respectée en 93 ne le fut pas en 48.

Les Chartreux possédaient dans les hautes montagnes du Faucigny un monastère, qui ne pouvait faire envie à personne. On n'aurait pas pu croire qu'à cette distance le doux murmure de la prière de minuit de ces bons Pères troublât le sommeil des avocats de Bonneville; ils furent découverts, et les religieux du Reposoir durent s'enfuir en pleurant et se réfugier en France, en attendant de meilleurs jours.

Une loi des suspects, encore votée par un autre député d'Annecy, fut portée contre le clergé. Dans chaque paroisse, le ministère avait ses espions à gages pour surprendre les prêtres en chaire surtout et les dénoncer à la police. Donnez-moi deux lignes d'un homme et je me charge de le faire pendre; ainsi, presque chaque jour, Monseigneur apprenait qu'un de ses prêtres était poursuivi. Tous ont été absous, excepté un seul qui (1), pour

---

(1) M. le curé de Viuz-la-Chiesaz (via della Chiesa).

avoir donné à un gamin un soufflet qu'il méritait, dut passer huit jours dans les prisons d'Albertville. Non, non ! le diocèse d'Annecy ne l'oubliera jamais, Mgr Rendu n'a jamais épargné la vérité ni craint les menaces pour défendre ses prêtres.

Le jour de la fête anniversaire du Statut, on chantait un *Te Deum* dans toutes les églises. A Seyssel, le vicaire entonne, après la messe, l'hymne d'actions de grâces ; une scène curieuse se produisit. C'est Monseigneur qui va nous l'apprendre. Des plaintes furent donc portées par le Ministre à l'évêque, qui répond à M. Rattazzi la lettre suivante :

Annecy, 28 avril 1855.

« Excellence,

« En revenant d'une longue et pénible visite pastorale, je trouve la plainte que m'adresse Votre Excellence contre le vicaire de Seyssel. Je me suis trouvé dans cette ville le lendemain de la fête du Statut, et j'ai reçu la plainte de monsieur le juge de mandement. Le vicaire a eu tort de ne pas rester au *Te Deum* jusqu'à la fin et de ne pas le terminer par l'oraison comme cela se pratique. Mais je dois ajouter que le vicaire a été comme entraîné par l'exemple et l'opinion de la population entière qui a quitté l'église aussitôt qu'elle a entendu commencer le *Te Deum*. Il est impossible de ne pas le reconnaître, la foi au statut s'en va, ou plutôt elle a disparu en Savoie. Comment pourrait-il en être autrement? Il y a dans les populations de la Savoie, un sens droit, des idées politiques plus réfléchies qu'on ne le pense. Or, comment exiger que des hommes de cette trempe célèbrent le statut au moment où les hommes du pouvoir le déchirent en se jouant des lois divines et humaines? C'est en versant des larmes qu'il faut l'avouer, il n'y a plus en Savoie qu'un sentiment qui soit universel, c'est la désaffection du gouvernement.

« Je prie Votre Excellence d'agréer, etc.

« † Louis, évêque d'Annecy. »

Loin d'être disgracié par son évêque, Monseigneur appela près de lui l'abbé Parenthoud, et le nomma choriste de la cathédrale.

CHAPITRE VII

Visitation. — Dominicains. — Mandement sur les ASSO-
CIATIONS RELIGIEUSES. **— Vente des biens des couvents.
— Haute-Combe. — Refus du grand cordon.**

Ce gouvernement n'avait donc qu'une pensée pour arriver à fonder l'Italie, c'était la persécution de l'Église qui réclame contre les vols, quand ils se font, même par annexion. La loi qui chassait les Jésuites fut complétée par une autre loi d'expulsion de tous les Ordres. Deux exceptions furent faites dans la loi en faveur des Ordres prédicateurs et des Ordres enseignants. La Visitation ne fut sauvée que par miracle. Mais, s'il est un Ordre voué à la prédication, ce sont les Frères Prêcheurs; l'exception ne fut pas reconnue pour eux, et malgré la loi, les Dominicains furent arbitrairement supprimés.

Ce fut après cette odieuse loi, que Monseigneur eut le courage de publier son Mandement sur les

Associations religieuses. Quoique retenue dans la légalité, la vérité y fut dite tout entière. Aussi l'honorable M. Despines, député d'Annecy, disait au courageux évêque : « Monseigneur, si vous n'êtes pas à Fénestrelle (1), ce n'est pas leur faute. Vos Mandements ne sont pas lus, mais épluchés au ministère; on ne cherche qu'une occasion de vous mettre en prison au nom de la loi. »

La vente des biens des couvents supprimés vint mettre le comble à l'iniquité du pouvoir. On eut recours aux moyens les plus atroces; les portes qui ne s'ouvraient pas librement étaient crochetées, brisées au nom des lois; les vases sacrés, les tableaux, les christs, les ornements, tout fut soumis à l'inventaire du fisc; toutes les horreurs de la première révolution s'accomplissaient au sein de la paix. La Maison de Savoie n'eut pas honte de soumettre à un pareil outrage les tombeaux de sa famille réunis dans la solitude de Haute-Combe. Les objets qu'avait déposés là, la piété des Rois et des Reines, furent mis en vente ainsi que

---

(1) Château fort et prison d'État, où furent détenus le cardinal Pacca, et plus récemment Monseigneur de Turin. Fénestrelle est la Sibérie italienne.

l'abbaye, mais la Savoie sut garder son honneur; pas un acquéreur ne se présenta ; on savait que *l'haceldama* ne profitera jamais à personne, ni à ceux qui vendent, ni à ceux qui achètent.

Tous ces coups portés sur la belle Eglise de Savoie retentissaient douloureusement au fond de l'âme de l'évêque qui voyait, en pleurant, tomber une à une les pierres de Jérusalem. La parole des évêques est libre et c'est à eux qu'il appartient de donner aux rois de grandes et terribles leçons. Une belle occasion se présenta à l'évêque d'Annecy et il en profita.

Le roi Victor-Emmanuel vint en Savoie, en 1850, pour la dernière fois. De retour à Turin, il fit annoncer à Mgr Rendu qu'il le décorait du Grand Cordon des SS. Maurice et Lazare. L'évêque, qui plaçait l'honneur de l'Église au-dessus des honneurs, refusa cette distinction et adressa au Ministre la lettre suivante.

Annecy, 31 mai 1850.

« Excellence,

« J'ai reçu la lettre par laquelle Votre Excellence a la bonté de m'annoncer que Sa Majesté, notre auguste Souverain, a bien voulu me décorer du Grand Cordon des SS. Maurice et Lazare. N'ayant aucun titre à une faveur aussi signalée, je ne puis le devoir qu'à cette bonté dont Sa Majesté a daigné me donner tant de preuves dans son voyage parmi nous.

« Déjà j'ai exprimé à Votre Excellence combien il était pénible pour un évêque de la Savoie de se voir comblé de faveurs au moment même où quelques-uns de ses collègues, bien plus méritants, expient (1) dans les prisons des actes qui leur ont été dictés par la conscience et approuvés par tout l'épiscopat. Votre Excellence, j'en suis persuadé, comprendra qu'il serait fâcheux et pour l'évêque et pour ceux qui le distinguent, s'il venait à être obligé de porter en prison un témoignage aussi éclatant de la munificence royale. Or, cela peut arriver d'un jour à l'autre, pendant que la conscience des évêques sera placée entre ce qu'elle doit à l'Église et ce que l'État paraît vouloir en exiger. Il me serait impossible de me prévaloir de cette distinction jusqu'au moment désiré où les deux pouvoirs, se donnant la main, auront rendu une entière sécurité aux consciences catholiques,

(1) Monseigneur l'Archevêque de Turin.

et surtout à celle du clergé, qui n'a pas de plus ardent désir que celui de prêter à la société les secours moraux qui lui sont plus nécessaires que jamais.

« Veuillez agréer, etc.

« † Louis, évêque d'Annecy. »

Il y avait déjà fort longtemps que Monseigneur ne portait plus ni décoration ni ruban ; la croix, signe d'honneur et de vertu, n'était plus donnée que pour des œuvres, ni portée que par des hommes, aussi étrangers à l'honneur qu'à la Croix et à la vertu.

CHAPITRE VIII

**Propagande protestante. — Commerce des consciences.
— Lettre à S. M. le roi de Prusse. — Projet de conciliation entre les catholiques et les protestants. —
Procès de Mgr Rendu en Allemagne. — Il le gagne.**

Il appartenait à M. de Cavour d'ouvrir au protestantisme les portes de la Savoie. Les momiers de Genève affluèrent sur la frontière sarde et inondèrent les campagnes de bibles et de brochures. Pour défendre le diocèse de saint François de Sales des assauts de l'hérésie, Monseigneur publia un ouvrage sur les *Efforts du protestantisme en Europe*, ou du *Commerce des consciences* (1). Dévoilé par cet écrit, le commerce fut suspendu à la frontière ; mais le gouvernement

---

(1) Cet ouvrage, dont la préface a été écrite à Rome, fut de suite traduit en trois langues : en italien, en espagnol et en allemand.

se chargea de le protéger à l'intérieur. Un temple fut imposé de force à Turin; un autre fut ouvert à Chamonix où il n'y a de protestants que les étrangers qui visitent les glaciers. Au grand désespoir de la vallée, qui avait adressé au ministère une pétition signée de tous les habitants sans exception, le temple fut construit. A Annecy, une salle provisoire fut ouverte pour les protestants près du tombeau de saint François de Sales; on accordait à des étrangers toute la protection qu'on refusait aux catholiques du pays.

Ce n'est pas que Mgr Rendu n'aimât les protestants; il avait, parmi eux, des amis dont il ne s'est jamais séparé. Entre aimer les protestants et haïr le protestantisme, la différence est énorme. Notre-Seigneur a combattu le péché, mais il a tendrement aimé les pécheurs.

Monseigneur avait même travaillé à un plan de réconciliation entre les confessions chrétiennes. Grande et généreuse pensée qu'avaient rêvée Leibnitz, Fénelon et Bossuet, et qui était digne aussi du cœur de Mgr Rendu. Ce fut dans ce but qu'il écrivit une *Lettre à S. M. le roi de Prusse* qui lui paraissait être la clé de voûte du protestantisme et le seul capable de préparer le retour à l'unité religieuse. Cet ouvrage, peu connu, est le chef-d'œuvre de l'évêque d'Annecy. Traduit en allemand, il valut à Monseigneur un procès qu'il ne connut que lorsqu'il fut jugé (1).

« Nous avons eu dernièrement, écrivait de Munster *le Correspondant des Annales catholiques de Genève*, un procès très-intéressant. Il était dirigé contre Mgr Louis Rendu, évêque d'Annecy, ou plutôt contre un écrit de sa main, lequel a paru l'an dernier à la librairie Hurter, sous le titre : *Nécessité d'une union des Confessions chrétiennes, Lettre de Mgr Rendu, évêque d'Annecy, à S. M. le roi de Prusse*, traduction de F. Singer, avec une préface du baron d'Andelau. Cet écrit paraît avoir produit une forte sensation dans les cercles protestants. Un ordre de le saisir fut expédié de Berlin par le télégraphe.

« Dans le réquisitoire, dirigé à ce sujet, le ministère public a soutenu que ce livre expose à la haine et au mépris les doctrines et institutions de

---

(1) Cet ouvrage n'est plus dans le commerce. Les personnes qui désireraient se le procurer, l'obtiendront gratuitement, en le demandant à la cure de Versoix (canton de Genève), Suisse.

l'Église évangélique, et il concluait pour ce motif à l'*anéantissement* de l'ouvrage. Le tribunal n'a pas accepté l'accusation ainsi formulée; toutefois, il a trouvé dans l'écrit une vingtaine de passages dont il a ordonné la suppression.

« Le ministère public, mécontent, en a appelé de cet arrêt, mais l'appel a eu une issue tout opposée à celle que l'on voulait. La Cour d'appel a remis l'ouvrage entier en liberté. Elle est partie de ce point de vue fort juste, que l'auteur a en effet soumis la Réformation et son principe à une critique très-vive, mais qu'il n'a rien dit contre la confession protestante et sa doctrine qui puisse être considéré comme une dérision. L'écrit est du plus haut intérêt et mérite d'être lu par les catholiques et par les protestants. Le principe du protestantisme y est très-nettement apprécié, et en même temps l'auteur fait voir comment ce principe a su prendre pied, non-seulement sur le terrain religieux, mais encore dans le domaine politique et social. »

CHAPITRE IX

M. Roget, ministre protestant à Genève. — Correspondance. — Projet d'union. — M. André de Luc.

Il paraît qu'il est plus facile de gagner un procès contre un État que de convertir une âme. On trouvera un point d'appui pour soulever une cathédrale ou le monde, tandis que des âmes résistent quand Dieu veut les soulever par sa grâce. La *Lettre au roi de Prusse* gagna sa cause; l'ouvrage de l'*Influence des mœurs* n'eut pas ce bonheur.

M. F. Roget était un ministre de Genève et professeur à l'Académie; outre ses talents, on ne peut nier qu'il ne possédât beaucoup de vertus. Tourmenté par la question religieuse, il fut heureux de rencontrer une âme à laquelle il put ouvrir la sienne; l'auteur de l'*Influence* reçut la lettre suivante :

« Un heureux hasard m'a fait tomber entre les mains votre bel ouvrage, et cette lecture m'a fait connaître un politique chrétien de plus dans un temps où ils sont si rares.

« En retrouvant plus d'une fois, dans vos pages, mes propres idées exprimées avec tout le talent avec lequel vous avez su les embellir, j'ai pris à vous lire un plaisir extrême, que je voudrais que beaucoup d'autres partageassent, et c'est ce qui m'a engagé à vous annoncer dans la *Bibliothèque universelle de Genève*, sans vous en demander la permission. J'ose espérer qu'en cela je n'ai rien fait qui puisse vous déplaire; s'il en était autrement, vous ne refuseriez pas de le pardonner à un homme qui a conçu pour votre mérite les sentiments de haute estime dont il vous prie de vouloir bien agréer la sincère expression.

« F. Roget. »

Dans une seconde lettre, il écrivait : « Je serais fâché que la relation qu'un heureux hasard a commencée entre nous n'eût pas d'autre suite. Si vous le permettez, j'aurai peut-être l'honneur, quelque jour, de vous écrire sur l'état religieux de ce pays. Personne ne désire plus vivement que moi la *réconciliation* de jour en jour moins difficile et plus nécessaire de nos deux Eglises. C'est un des sujets les plus habituels de mes réflexions et je m'estimerais heureux de pouvoir m'en entretenir librement avec un catholique tel que vous.

« Veuillez agréer, etc.

« F. Roget. »

A cette seconde lettre dans laquelle M. Roget ouvre toujours davantage sa belle âme, il fut répondu de la manière suivante :

« Monsieur,

« Je recevrai avec bien de l'intérêt vos réflexions sur l'état religieux de Genève. Souvent aussi ce sujet a occupé et occupe ma pensée. Je voudrais de tout mon cœur dire comme vous, que le *rapprochement* de nos deux églises est devenu moins difficile; mais je n'ose le croire. Sans doute beaucoup de préjugés, qui avaient, dans un temps, exercé sur les esprits tout l'empire de la vérité, ont à peu près disparu. Mais, à la place de cette difficulté, que le temps a vaincue, il s'en est élevé bien d'autres. La disparition presque complète du sentiment religieux, dans la plupart des esprits, me paraît avoir déplacé la question. C'est plus avec des déistes qu'avec des protestants que l'Église catholique doit aujourd'hui discuter.

« Il y a un autre obstacle que vous aurez sans doute apprécié avant moi. Pour qu'un rapprochement d'Église à Église fût possible, il faudrait qu'il y eût de part et d'autre un centre d'unité; il faudrait une autorité pour rapprocher les doctrines et les faire admettre. Car, si quelques ministres venaient à conclure un pacte de rapprochement, ils ne pourraient jamais avoir contracté qu'en leur nom et pour leur propre compte : je doute que la foule se crût obligée d'y souscrire. Du reste, si la Providence voulait que ce miracle fût de notre époque, il serait, sans aucun doute, le moyen qu'elle mettrait en œuvre pour relever une société qui croule faute de principes, et quoi qu'il en arrive, il sera toujours glorieux pour vous d'en avoir eu l'idée et d'en avoir conçu l'espérance.

« Veuillez agréer, Monsieur, les sentiments d'estime, etc.

« L. RENDU. »

La lettre suivante est souverainement intéressante ; il n'est pas un chrétien, en la lisant, qui ne sente le besoin de se mettre à genoux pour remercier Dieu de l'avoir fait naître catholique.

« J'ai eu tort, dit M. Roget, d'employer cette vieille expression consacrée de *réconciliation* au lieu de rapprochement entre nos deux Eglises, car elle ne rend, en aucune façon, mon idée. Notre Eglise protestante ne gouverne plus rien, et toute convention, tout compromis avec elle serait comme non avenu. Mais dans cette Eglise, qui est *en pleine dissolution*, outre les indifférents en grand nombre et dont il est inutile de s'occuper, se trouvent beaucoup de gens pieux ou voulant l'être, dont les uns vont au méthodisme et dont les autres me semblent destinés à ne trouver le repos qu'au sein du catholicisme. Ce sont ces derniers qu'il s'agit d'appeler et de recueillir. J'ai là-dessus quelques questions à vous soumettre.

«Serait-il possible d'espérer que le pape autorisât la fondation d'une *Eglise catholique de Protestants Unis ?* Ces protestants ne feraient aucune condition relativement à la foi. Ils se présenteraient ainsi : *Nous sentons le besoin d'être gouvernés religieusement et moralement aussi bien que civilement.* Nous ne connaissons, en fait, d'autre autorité à laquelle nous puissions remettre la direction de nos consciences et de notre foi que l'*Eglise catholique*. Nous ne lui demandons point compte de ses dogmes, nous ne songeons pas à les examiner. Qu'on nous traite comme on traite les enfants nés dans le sein de l'Eglise. Tout ce qu'elle exige d'eux dans le principe, c'est la soumission à ses enseignements. Cette soumission obtenue, elle se charge de la faire fructifier pour le salut des âmes. Je voudrais éviter, comme vous le voyez, la présentation de tout *Credo* déterminé.

« L'Église catholique se prouve par l'histoire soit du passé soit du présent. Elle est un grand fait comme la société civile; et de la même manière que pour être membre de cette société on ne demande à personne d'en connaître toutes les lois et de les approuver, mais qu'il suffit d'en connaître l'autorité et de s'y soumettre, je voudrais que pour être admis dans le sein de l'Église on n'exigeât autre chose qu'une profession, d'*obéissance sans réserve*. Toutefois, ce ne serait pas tout. Le Protestant Uni aurait besoin qu'on eût égard aux habitudes de sa religion passée. Il ne s'agit ici de rien d'essentiel, pas même du sacrifice de la langue latine; mais il y a, dans les formes du culte catholique, beaucoup de choses auxquelles un protestant ne peut se faire de suite, qui le choquent sans qu'il sache dire pourquoi et qu'il faudrait modifier dans l'intérêt de son éducation. Une pareille chose serait-elle possible, et si elle l'était, je crois que l'Église s'en trouverait bien pour les catholiques eux-mêmes. Je suis convaincu que le culte ne doit pas avoir absolument les mêmes formes en tout pays, en Italie et en Allemagne, par exemple.

« Un des attraits du protestantisme, pour certains catholiques qui ne pensent pas plus loin, c'est la simplicité de ses formes. Voici les deux points sur lesquels je voudrais être éclairci : 1° Conditions de rentrée telle, que tout examen fût écarté ; 2° ordonnance du culte dans un système de condescendance aux habitudes protestantes.

« L'Église, à mes yeux, est un vaste organisme intelligent qui croit, qui aime et qui prie. Elle doit rallier à elle tous ceux qui sentent le besoin de croire, d'aimer et de prier, et qui se soumettent entièrement à sa conduite pour atteindre ce but. On ne croit, ni aime, ni ne prie seul, du moins d'une manière efficace et constante. L'homme est prédestiné à la société religieuse comme à la société civile ; ce sont les deux milieux dans lesquels il doit vivre. Et, comme il ne saurait y avoir de société religieuse non plus que de société civile sans autorité, et que toute autorité s'est à peu près retirée des Eglises protestantes, l'Eglise catholique reste le seul asile où puissent se réfugier les âmes qui ont besoin de Dieu. Qu'elle ouvre donc ses portes et qu'elle les ouvre grandes !

« Mais je crains d'abuser de votre patience, et je dois attendre votre réponse avant d'aller plus loin.

« Agréez, etc.

« F. ROGET. »

La réponse ne se fit pas attendre ; six jours après, M. Roget reçut une lettre qui vint fortifier son cœur travaillé par la grâce.

« Oui, Monsieur, lui écrivait son ami, j'ai déjà conçu l'espérance qu'un jour nous pourrons *croire*, *aimer* et *prier* ensemble. Mais je commence par vous dire que ce que contiendra ma réponse n'est que le produit de mes propres idées que je tâche de conformer à l'enseignement de l'Église ; c'est toujours de Rome qu'il faut attendre une décision sans appel.

« 1° Une Église de Protestants Unis me paraît tout à fait possible, même dans la pratique de l'Église Romaine, puisqu'il y a des Grecs Unis, et puisque encore la Cour de Rome avait autorisé Bossuet à traiter avec les Églises protestantes d'Allemagne pour arriver à une union.

« 2° La combinaison que vous proposez ne me paraît point inadmissible par l'Église catholique, et je crois, comme vous, qu'elle est la seule capable de conduire au but.

« L'expérience a prouvé que la méthode de la discussion ne pourra jamais conduire à l'unité de croyance. Tous les efforts de Bossuet, de Molanus, de Leibnitz et de tant d'autres n'ont abouti qu'à se reporter au point de départ, c'est-à-dire à la division. Il ne pouvait en arriver autrement. Attendre l'accord de la discussion, c'est tout réduire à une controverse philosophique, et, comme il est assez certain que le monde finira avant que la raison ait pu réunir tous les hommes, ou seulement un peuple dans une même doctrine, il faudrait désespérer de voir jamais triompher la vérité religieuse. Vous avez donc coupé court à trois siècles d'arguties et de difficultés insolubles, en admettant dans la nouvelle Église Unie une *obéissance sans réserve à l'autorité de l'Église catholique*. C'est un pas immense fait vers l'unité.

« Cependant, en admettant que les Protestants Unis seraient reçus dans le sein de l'Église comme des enfants soumis, qui ne s'abstiendraient de faire une profession de leur foi que parce qu'ils seraient encore dans l'ignorance de ses dogmes, comme des enfants qui, sans les connaître, admettraient implicitement toutes les vérités que leur imposera l'autorité à laquelle ils se soumettent sans réserve, il ne pourrait en être ainsi des pasteurs chargés du soin de leurs âmes. Ceux-ci, obligés de diriger et d'instruire, ne pourraient recevoir cette mission qu'après avoir professé leur foi aux yeux de l'Église, chargée de les confirmer dans cette foi et de leur donner mission pour la transmettre. Il me paraît que cette condition serait indispensable. Pour répondre plus catégoriquement à votre première question, je crois : 1° qu'il est possible de former une Église de Protestants Unis; 2° que les protestants peuvent être admis dans cette Église avec la simple promesse d'une obéissance sans réserve, parce que cette promesse contient un aveu de son autorité infaillible; s'il n'était pas possible d'être reçu dans la société catholique sans en professer la foi, je pense que la profession de foi, qui accompagnerait la promesse d'obéissance, pourrait se borner au Symbole des Apôtres ou à un acte de foi qui contiendrait deux ou trois des vérités fondamentales qui nous sont communes; 3° que ces nouveaux néophytes seraient admis à la participation des sacrements, à mesure qu'ils seraient suffisamment instruits; 4° que cette Église ne pourrait être dirigée spirituellement que par des pasteurs qui auraient professé leur foi et reçu la mission de l'Église; 5° je crois surtout que le chef vénéré de l'Église catholique, qui est animé d'un saint zèle pour le salut des âmes et le bien de la religion, est disposé à faire toutes les concessions qui pourront conduire à ces résultats *sans blesser la foi.*

« Venons maintenant à la question qui regarde le gouvernement extérieur de l'Église.

« Les lois de Dieu sont immuables, mais il y a différentes manières de les accomplir. Pour en assurer l'observation, pour mettre dans cette observation plus d'uniformité et resserrer encore les liens de l'unité catholique par l'identité des formes, l'Église a fait des ordonnances, lois ou canons pour diriger les fidèles. Ainsi, pour les obliger à satisfaire au précepte de l'adoration, elle a établi des fêtes fixées à certains jours, qui rappellent à leur mémoire quelques-uns des bienfaits de Dieu. Ainsi, elle a ordonné que, pour accomplir le précepte divin de la sanctification du dimanche, les fidèles assisteraient à la célébration du saint sacrifice de la Messe. Ainsi encore, pour que les hommes ne tombassent pas dans l'oubli à l'égard du précepte de la pénitence, l'Église a déterminé des temps et des œuvres de pénitence; tels sont les jeûnes et les abstinences.

« Il y a des points de discipline qui sont si étroitement unis aux dogmes, qu'on peut les regarder comme institués de droit divin et sur lesquels l'Église ne se permettrait aucun changement.

« Il en est d'autres qui, sans être d'institution divine, tiennent de si près aux dogmes, que l'Église ne consentirait que difficilement à s'en départir. Par exemple, l'usage d'honorer les Saints, de prier pour les morts, tient essentiellement à la croyance qu'il y a communion entre l'Église militante, l'Église souffrante et l'Église triomphante. L'usage de ne recevoir la communion que sous une espèce, tient essentiellement à la croyance que cette communion suffit pour remplir le précepte de l'Évangile : *Nisi manducaveritis carnem Filii hominis et biberitis ejus sanguinem, non habebitis vitam in vobis.* Cependant l'Église pourrait encore permettre l'usage de la communion sous les deux espèces, pourvu que ceux qui recevraient cette permission ne tinssent pas à la regarder comme de nécessité et, par là même, à condamner l'usage de l'Église catholique.

« Il existe des concessions de ce genre.

« A l'exception de ces cas particuliers, l'Église fait éprouver à ses lois tous les changements qu'elle juge convenables au bien de la religion, au salut des âmes, à l'utilité de la société.

« Sous ce rapport, elle cède tantôt au désir d'éviter de plus grands maux, à la compassion qu'elle éprouve pour des enfants depuis longtemps éloignés d'elle, tantôt à la nécessité, tantôt à la puissance des idées reçues dans le monde. Invariable dans ses dogmes, elle possède dans ses formes extérieures toute la flexibilité nécessaire pour se plier aux différences qui naissent des climats, des temps, des mœurs, de la civilisation. Si les rêveurs qui ont parlé d'un christianisme progressif, avaient borné là leurs idées de perfectibilité, ils ne seraient pas sortis de l'Église, ni du vrai.

« En remontant jusqu'à la naissance de l'Église, on retrouve une foule de changements admis dans la discipline et toujours d'après les principes que je viens d'indiquer. C'est ainsi que l'on abandonne la loi donnée par les Apôtres, de s'abstenir du sang et des animaux suffoqués, les épreuves des catéchumènes, la coutume de leur interdire l'assistance au saint sacrifice de la Messe, l'usage de donner aux enfants la sainte communion immédiatement après le baptême, de soumettre les pécheurs scandaleux à des pénitences publiques.

« Sans parler des différences de discipline que l'Église tolère chez les Grecs Unis, et parmi les chrétiens qui, dans l'Orient, vivent au milieu des infidèles, n'avons-nous pas vu, de notre temps, l'Église diminuer le nombre des jeûnes et des fêtes? Il serait peut-être difficile de trouver un seul Concile qui n'ait pas changé ou ajouté quelque chose à la discipline de l'Église, surtout jusqu'à ce qu'elle ait été dans un état complet d'organisation.

« Il y a dans les formes du culte extérieur des usages destinés à ranimer la piété des fidèles et qui ne sont pour personne d'une stricte obligation, mais seulement de conseil, tels sont les vœux monastiques, les associations des confréries, l'assistance à certaines processions, etc.

« Pourtant il faut ajouter que ce n'est jamais qu'avec une grande circonspection que l'Église consent à toucher à des règles anciennes. Toujours fidèle au conseil du pape saint Étienne, qui disait au troisième siècle : *Nihil innovetur nisi quod traditum est*, elle ne cède que quand la nécessité est bien reconnue.

« Toute empreinte de la sagesse éternelle, elle marche avec lenteur parce qu'elle doit marcher toujours.

« Il est un point de discipline dont je ne pense pas qu'elle consente à se désister jamais, c'est le célibat des prêtres. Le moment serait d'ailleurs mal choisi pour le demander. Notre époque a besoin d'une immense charité et d'un dévoûment sans bornes; or, je pense que ces vertus ne peuvent recevoir tout le développement dont elles sont susceptibles que dans le célibat. Pour être prêt à se dévouer pour tous, il est nécessaire d'avoir une pleine et entière liberté.

« Voici donc à quoi se résume toute ma réponse à votre seconde question : 1° l'Église peut admettre des changements dans ce qui regarde la discipline et les usages de son régime extérieur; 2° elle est disposée, pour le salut des âmes et la plus grande gloire de Dieu, à faire toutes les concessions qui pourraient être faites sans blesser la foi et sans scandaliser les bons catholiques. Je ne pense pas cependant que le Saint-Siége consentît à instituer une Église de Protestants Unis, s'il n'avait pas la perspective que cette Église pût devenir utile à un grand nombre de chrétiens.

« S'il ne s'agissait que de quelques individus, peut-être jugerait-il que les inconvénients qui résultent d'un changement dans la discipline de l'Église ne seraient point assez compensés par ce faible avantage, d'autant plus que le sein de l'Église est toujours ouvert pour ceux qui éprouvent le besoin de se rattacher à des doctrines plus rassurantes.

« Veuillez, Monsieur, croire aux sentiments de profonde estime

« De votre serviteur et ami,

« L. Rendu. »

P. S. Le 6 juin, je dois traverser Genève, en allant passer quelques jours au château de Beauregard ; dites-moi si je puis vous voir.

La dernière lettre de M. Roget est un cri d'espérance : « Votre lettre, disait-il à son ami, m'a causé la plus vive satisfaction et je suis plein d'espoir. Votre passage à Genève est une circonstance très-heureuse. Venez me voir, nous aurons beaucoup à dire et nous ferons plus de besogne en deux heures de conversation qu'en dix lettres. Je n'ai trouvé dans votre réponse aucune difficulté sérieuse. Je suis complétement de votre avis sur le célibat des prêtres ; la communion, sous une seule espèce, n'arrêtera personne aujourd'hui. Je n'ai jamais songé que les pasteurs de notre future Église puissent être autres que des pasteurs déjà et de tout temps catholiques. L'important, c'est l'extérieur du culte. Il faudrait, pour le commencement du moins, bannir tout tableau et ne conserver que la croix, et adoucir autant que possible les hommages rendus à la Vierge et aux Saints, et, en général, tendre à plus de simplicité, à moins d'appareil dans toutes les cérémonies. A huit jours donc, et ce me sera une joie bien sensible de vous voir et de vous parler.

« Tout à vous,

« F. ROGET. »

Peut-on être plus catholique quand on ne l'est pas encore? C'est en lui serrant un jour la main, que son ami lui disait : Monseigneur, quand serons-nous unis? Eh bien! quels qu'aient été les sentiments de M. Roget à sa dernière heure ; extérieurement du moins, tout nous porte à croire qu'il est mort protestant.

Un autre protestant de Genève, M. André de Luc, tenait à garder avec Mgr Rendu des rapports scientifiques mêlés d'un peu de religion; mais il paraît qu'en cachette il faisait de la propagande protestante. Comme il demandait un jour à Monseigneur de quelle version de la Bible il se servait, Monseigneur répondit à sa curiosité par la lettre suivante.

Annecy, 4 septembre 1844.

« Monsieur,

« Je n'ai pu répondre à votre lettre, du 23 août passé; parce que j'étais absent. J'ai suivi avec un vrai intérêt les séances du Congrès géologique où il a été fait mention de vous et de vos travaux.

« Vous me demandez, Monsieur, quelle est la version de l'Évangile dont je me sers. Je puis vous répondre d'aucune en particulier, mais de toutes, parce qu'il n'en existe pas une où il n'y ait quelque imperfection, et que dans beaucoup il y a des infidélités. C'est surtout ici que j'applique mon principe de n'en pas croire à la science d'un homme, quel qu'il soit. Il y a une Église instituée pour garder l'Écriture, afin qu'un iota n'y soit pas changé; une Église, à qui l'on doit demander la solution des difficultés; une Église, à qui l'Esprit-Saint est promis pour qu'elle ne tombe pas dans l'erreur.

« A mesure que les versions, les éditions, les contrefaçons des Écritures paraissent sur la terre, l'Église prononce sur ce qu'elles ont de faux, de dangereux ou d'erroné, et les catholiques avertis, peuvent, sans péril, voir ces livres passer sous leurs yeux. Entre vous et nous, il y a cette grande différence que pour arriver à l'intelligence des Écritures, vous en croyez à Beausobre et moi je ne crois qu'à Dieu et à son Église. C'est là le fond de toute la question, le seul sur lequel on puisse raisonnablement discuter. Les attaques protestantes sur les Saints, sur la Sainte Vierge, les fêtes, les cérémonies du culte, etc., les vieilles et sottes accusations d'idolâtrie, les récriminations de cruauté, d'intolérance, etc., ne sont que de véritables enfantillages qui disparaissent quand le fond est jugé.

« Vous me parlez des luttes violentes dont la France a été le théâtre, sous prétexte de religion. Vous n'êtes pas le seul à déplorer les excès auxquels ont souvent donné lieu un zèle mal entendu et plus souvent encore des intérêts politiques cachés sous le manteau religieux. Mais il n'était pas nécessaire, il me semble, de chercher des exemples si loin. Le pays que nous habitons, les environs de Genève, les bords du beau lac Léman, ne sont-ils pas encore couverts des traces de toutes les atrocités que les Bernois y ont commises? Mais ce serait là une mauvaise manière de chercher le vrai. Laissons aux passions des hommes ce qui est leur ouvrage et rappelons-nous toujours que l'homme, même en devenant religieux, ne cesse pas d'être homme.

« Malgré la longueur de cette lettre, je ne puis résister au désir de vous demander la solution d'un problème auquel je ne puis rien comprendre. D'après toute votre correspondance, je vois clairement que vous ne croyez nullement à la divinité des Écritures, que vous regardez la révélation comme une chimère : la divinité de Jésus-Christ comme une fable, etc. ; et avec tout cela, vous déployez un zèle protestant qui me semblerait digne d'une meilleure cause ; car je sais que vous *travaillez beaucoup*. Vous avez autant de foi à l'Évangile que j'en ai au Coran ; mais je vous assure qu'il me serait impossible de prêcher la religion de Mahomet comme vous prêchez celle de Calvin.

« Je m'aperçois que nos lettres deviennent trop sérieuses et cela, sans utilité, car elles ne cessent pas d'être des lettres et par conséquent ne peuvent qu'effleurer des questions qui sont trop grandes et trop importantes pour être traitées de cette manière. Ne soyez donc pas étonné si, à l'avenir, je me borne à vous demander des renseignements scientifiques et pas autre chose.

« Agréez, etc.

« † Louis, évêque d'Annecy. »

CHAPITRE X

Maladie. — Vichy. — Une dame. — Un médecin. — Evian. — M. Victor Cousin. — Il est condamné à Rome. — Monseigneur s'interpose. — Sa lettre au Pape. — Réponse. — Sursis.

Lorsque Mgr Rendu fut nommé à l'évêché d'Annecy, il avait cinquante-quatre ans. Fort, robuste, n'ayant jamais souffert, il se livra au travail avec ardeur et intrépidité. Mais bientôt les persécutions faites à l'Église, les luttes dans lesquelles il fut engagé, altérèrent profondément sa santé; il devint malade. Les médecins l'envoyèrent à Vichy, puis à Évian d'où il revint soulagé, jamais guéri.

Outre les malades sérieux qui s'y rendent, les bains sont devenus un besoin de notre époque pour toutes les souffrances morales de l'Europe et pour les âmes qui s'ennuient. Souvent le corps est languissant parce que le cœur n'est pas content.

En 1853, Monseigneur était à Vichy. A cette époque, m'écrivait une personne qui s'y trouvait, nous avions à l'hôtel une dame qui vivait éloignée de Dieu et que Monseigneur a convertie. Je l'ai revue depuis ; elle m'a assuré que c'était son air si doux, si saint, si humble, si affable, qui l'avait touchée plus qu'aucune exhortation. Monseigneur priait pour elle, et, peu de jours avant le départ de l'évêque, elle pleurait les fautes de sa vie aux pieds de celui auquel elle donnait le doux nom de père. Se relevant avec la santé de l'âme, la santé du corps lui fut rendue par surcroît.

La personne elle-même, qui m'écrivait ces choses, ajoutait qu'elle avait reçu de Monseigneur des conseils qui ont contribué à donner une bien meilleure direction à sa vie.

C'était encore à Vichy. Un jour, le comte Pillet-Will présente Monseigneur à un des plus illustres médecins de France qui ne croyait pas à l'existence de l'âme. L'évêque d'Annecy, après quelques paroles pleines d'aménité, prouve au docteur la non-réalité du corps. Le médecin, interdit devant cette démonstration inattendue, sentit la leçon et dit à M. Pillet-Will : « *Votre évêque savoyard, avec sa boutade charmante, me donne à réfléchir.* »

En 1838, Monseigneur était à Évian avec Mgr Rivet, évêque de Dijon, et M. Sauzet. La même année, M. Cousin y arriva. De nombreuses relations s'établirent entre les deux prélats et le philosophe. Mgr Rendu, facile à croire à la bonne foi des âmes, crut s'apercevoir que M. Cousin se rapprochait de l'Église. Vieux et mûri par le malheur plus que par les années, M. Cousin était consterné de ce que sa philosophie était morte avant lui. Père de l'éclectisme français, il avait la prétention de ramener, au spiritualisme des idées, un siècle qu'il voyait, avec effroi, se précipiter dans le matérialisme et la volupté. Cousin n'était pas même vieux que tous ses disciples l'avaient abandonné, et il disait : Il n'y a que l'Église qui demeure toujours.

A ce moment-là, les journaux annoncent que le Saint-Siége va mettre à l'index les ouvrages du philosophe. De peur que cette condamnation, à laquelle sont sensibles même ceux qui feignent ne pas y croire, ne retardât le retour de M. Cousin, Monseigneur osa écrire à Rome pour que la publication du décret de l'Index fût différée. Voici, en effet, la lettre qu'il adressa à Sa Sainteté :

Annecy, le 1ᵉʳ septembre 1858.

« Très-Saint Père,

« S'il n'était retenu par les infirmités qui arrivent à la suite des vieilles années, ce ne serait pas une lettre qui viendrait solliciter les regards de Votre Sainteté, ce serait l'heureux évêque d'Annecy qui demanderait à baiser les pieds vénérés du chef de l'Église. Celui qui a eu, une fois, le bonheur de voir Votre Sainteté désire la voir encore; pour moi, Très-Saint Père, je ne demande plus à Dieu que cette faveur avant de mourir.

« Très-Saint Père,

« On m'assure que des personnes bien intentionnées témoignent le désir de voir mettre à l'index les œuvres de M. Cousin, ancien ministre de Louis-Philippe et professeur de philosophie. S'il m'était permis d'exprimer mon opinion sur l'opportunité de cette mesure, je demanderais de prolonger la longanimité dont le Saint-Siége a usé jusqu'à ce jour. J'ai vu M. Cousin aux Eaux d'Évian, dans mon diocèse ; je l'ai visité très-souvent et j'ai trouvé dans lui un homme dégoûté des incertitudes de la philosophie et faisant des pas de géant vers l'infaillibilité de l'Église, dont il ne parle qu'avec un grand respect et qu'il regarde comme la voie la plus sûre pour arriver à la vérité. Il éprouve une déception qui lui est bien utile. Dieu se sert souvent des peines morales, comme des peines physiques, pour ramener à lui. M. Cousin avait usé sa vie à étudier la philosophie allemande et à bâtir un système de philosophie éclectique; il croyait avoir établi pour jamais la philosophie spiritualiste en France, et voilà que, de son vivant, il voit s'établir, parmi ses propres élèves, une école qui part de l'athéisme pour arriver à la connaissance des choses. Pauvre raison, où elle conduit les hommes quand ils n'ont pas d'autre guide ! Ainsi déçu, M. Cousin en appelle à l'Église. Il a raison. A un professeur de philosophie de Turin (1), qui lui faisait visite, il disait, il y a quelques jours : « Écoutez, je suis un vieux troupier dans cette partie; croyez-moi, soyez toujours chrétien dans votre enseignement, et *surtout ne vous brouillez pas avec l'Église.* »

« Je pense donc, Très-Saint Père, qu'il est bon de ménager cette haute intelligence, qui s'ouvre

---

(1) M. Ferri.

à la foi. Il n'a pas été condamné quand il était puissant en parole et en pouvoir; il est aujourd'hui moins dangereux; il n'y a qu'à gagner à attendre. Il est même une arme contre cette école d'athéisme, qui s'étend et qui séduit beaucoup de jeunes gens de grande capacité, comme les Taine, les Renan et les Reynaud, etc.

« Mon but étant rempli, il ne me reste plus, Très-Saint Père, qu'à me précipiter à vos genoux, à baiser vos pieds, et à demander, pour moi et pour tout mon diocèse, votre sainte bénédiction.

« J'ose me dire, avec un profond respect,

« De Votre Sainteté,

« Le très-humble et très-obéissant serviteur.

« † Louis, évêque d'Annecy. »

La condamnation allait paraître; le Saint-Siége crut devoir accéder aux désirs de l'évêque d'Annecy. Monseigneur reçut, par la Nonciature de Paris, une réponse du Souverain Pontife, qui nous apprend avec quels égards Rome traite les personnes tout en condamnant les doctrines.

« **A notre Vénérable Frère Louis**, évêque d'Annecy.

« Pie, pape neuvième.

« Vénérable Frère,

« Salut et bénédiction.

« C'est avec bonheur que, le premier jour de ce mois, nous avons reçu de vous, Vénérable Frère, une lettre, dans laquelle vous nous faites savoir que récemment vous avez vu notre cher fils, Victor Cousin, aux bains d'Evian, dans votre diocèse, et qu'il reconnaît lui-même le tort de sa vaine et trompeuse philosophie. Vous nous apprenez qu'il est maintenant disposé à reconnaître l'autorité infaillible de l'Église, comme la voie la plus sûre, pour trouver la vérité. Vous nous dites, en outre, que M. Cousin, peu de jours auparavant, a déclaré à un illustre philosophe de Turin, qui était venu le voir et qu'il lui a assuré qu'en enseignant la philosophie, il a toujours voulu rester chrétien, et qu'il n'a jamais prétendu attaquer l'Église. En affirmant toutes ces choses, vous nous laissez apercevoir que vous désirez que l'on retarde la publication du décret qui condamne les ouvrages publiés par M. Cousin, et vous espérez qu'il reviendra à la foi catholique.

« Nous ne voulons pas vous laisser ignorer, Vénérable Frère, que non-seulement nous avons usé d'une grande longanimité envers M. Cousin, mais, inspiré de l'affection la plus paternelle envers lui, nous lui avons adressé, le 23 juin de l'année dernière, une lettre pleine de tendresse. Nous lui disions que, dans les ouvrages qu'il a publiés, nous trouvions bien des choses qui nous rassuraient sur la pureté de sa foi, mais qu'il en était beaucoup d'autres moins exactes sur l'enseignement de l'Église.

« Nous l'avons donc prévenu avec autant de zèle que d'affection, et, pour éloigner tout motif de scandale, nous l'avons engagé à déclarer publiquement qu'il acceptait tous les dogmes enseignés par l'Église, et qu'il rejetait tout ce qui est condamné par elle. Aussi le 26 février 1857, désolé de la maladie dont il était atteint, nous lui avons écrit une lettre, *toute de notre main*, dans laquelle nous l'avons engagé de nouveau, avec autant d'égard que de sollicitude, à vouloir bien témoigner de la docilité et de la soumission de son esprit à l'autorité de l'Église, et à suivre l'exemple de notre cher fils Antoine Gunther, prêtre, qui, sans aucun retard, s'était, avec la plus profonde humilité, soumis au jugement du Saint-Siége, en ces termes : Quant à ce qui me concerne et les ouvrages que j'ai publiés, je suis très-convaincu, avec l'Apôtre qui nous l'enseigne, que toute intelligence doit se réduire en captivité au gré du Christ; c'est pourquoi, fidèle aux désirs et aux promesses de celui qu'il a établi souverain Pasteur de l'Église, je dis et déclare que j'acquiesce pleinement à l'autorité du Siége apostolique.

« Vous le voyez, Notre Cher Frère, quelle a été notre longanimité de père et notre charité envers M. Cousin. C'est cette patience et cette charité qui ont fait que, bien qu'il soit connu que ses ouvrages soient à l'index, nous avons différé de publier le décret qui les condamne. Toujours animé de ce même esprit de condescendance, nous consentons à retarder encore la publication de ce décret. Nous ne laisserons pas d'offrir nos vœux tous les jours au Père si bon de toute lumière et de toute miséricorde, afin qu'il éclaire de sa grâce et l'esprit et le cœur de M. Cousin, et qu'il daigne le replacer sur le chemin de la vérité, de la justice et du salut. Mais vous savez fort bien, Vénérable Frère, qu'il nous est impossible de manquer aux devoirs de notre ministère apostolique et de ne pas faire tout ce qui peut mettre à l'abri le salut du troupeau que Dieu nous a confié. C'est, avec joie, que nous recevons les sentiments de piété, d'amour et de dévoûment dont votre cœur est rempli à notre égard. Aussi, soyez assuré de toute la bienveillance qu'a pour vous notre cœur paternel. Nous vous en donnons le gage dans la bénédiction que nous accordons, du fond du cœur et avec amour, à vous, Vénérable Frère, à tout le clergé et à tous les fidèles de votre diocèse.

« Donné à Rome, à Saint-Pierre, le 16 septembre de l'an 1858, le 13e de notre pontificat.

« Pie IX, pape. »

Comment M. Cousin a-t-il pu tenir cachées, à Mgr Rendu, les lettres qu'il avait reçues de Rome ? Si Monseigneur en avait eu connaissance, il n'eût jamais fait, auprès du Saint-Père, une démarche aussi inopportune.

Par déférence pour le vieil évêque d'Annecy,

le délai qu'il demandait fut accordé; mais on voit par la lettre du Pape que, lorsque l'Église se décide à porter un grand coup, toutes les précautions ont été prises à l'avance pour le prévenir. Voilà huit ans de cela, et M. Cousin n'est pas soumis. Peut-être que si Mgr Rendu eût pu continuer avec lui les entretiens d'Evian, l'excellent évêque, dont l'esprit était aussi élevé que son cœur était bon, eût pu ramener le philosophe dans le giron de l'Église. Espérons que les prières du pieux évêque, unies à celles de Pie IX, lui obtiendront la grâce de ne pas mourir sans avoir fait sa paix avec l'Église !

LIVRE TROISIÈME

VOYAGE DE ROME.

CHAPITRE PREMIER

Les évêques de Savoie ne vont pas à Rome. — Définition du dogme de l'Immaculée Conception. — L'Archevêque de Chambéry est invité. — Il refuse. — Il y va plus tard. — Mgr Rendu le remplace. — Son départ pour Rome. — Turin. — Audience du Roi. — Projet de négociations. — Départ de Gênes. — Arrivée à Civita-Vecchia. — A Rome. — Séjour. — Son admiration pour la Ville des Papes.

Monseigneur, depuis longtemps, désirait faire le voyage de Rome *ad limina*. Mais, par un usage qu'on est surpris et peiné de retrouver dans la religieuse Savoie, les évêques ne faisaient plus ce pèlerinage prescrit par les Canons. Rome n'a jamais vu ni Mgr de Thiollaz, ni Mgr Rey. Il n'appartenait pas à Mgr Rendu, le dernier venu, de rétablir le droit et de renouer les traditions antiques.

Pie IX, rentré à Rome, après l'exil de Gaëte, se préoccupait de la définition du dogme de l'Immaculée Conception. La fête en fut fixée au 8 décembre 1854. Pie IX appela dans la Ville éternelle un nombre limité d'évêques, pour être témoins de ce grand événement des temps modernes. Mgr Billiet, archevêque de Chambéry, fut choisi par le Saint-Père, pour représenter la Savoie. L'archevêque, qui n'était point encore allé à Rome, se crut trop âgé pour se rendre à l'invitation du Pape. Il fit cependant ce voyage, six ans plus tard, pour recevoir le chapeau de cardinal. Mais, pour la fête du 8 décembre, il pria Mgr Rendu de le remplacer. On peut dire que Monseigneur accepta, à deux mains, cet honneur, afin de pouvoir faire son pèlerinage d'évêque et soumettre au Saint-Siége un état de son diocèse.

Monseigneur partit donc le 18 octobre 1854 avec l'abbé Mermillod, aujourd'hui évêque d'Hébron, auxiliaire de Genève. A Chambéry, Mgr Rendu rejoignit Mgr Charvaz, archevêque de Gênes, qui se trouvait en Savoie, et Mgr Vibert, évêque de Saint-Jean de Maurienne. Ils traversent le Mont-Cenis et arrivent à Turin. Le roi les reçut en audience, et, à leur grande surprise, il les chargea d'entamer des négociations avec le Saint-Siége. Après avoir entendu le roi Hérode, les Mages ne furent pas plus consolés en voyant reparaître l'étoile qui les avait abandonnés sur Jérusalem.

Partis de Gênes le 28 octobre, ils arrivent à Pise le même jour au soir : le 31, ils partent de Florence pour Livourne, et le 1ᵉʳ novembre ils arrivèrent à Civita-Vecchia, où un prélat vint les saluer au nom du Saint-Père. Après la Sainte Messe, ils partirent à neuf heures et demie du matin, et à cinq heures du soir ils étaient à Rome : le lendemain ils prennent possession d'un appartement au Vatican où le Souverain Pontife reçut, à ses frais, tous les évêques qui assistèrent aux grandes fêtes du 8 décembre.

Les jours de Rome furent pour Mgr Rendu les plus beaux de sa vie. Quand on est allé à Rome, disait-il, on veut y retourner; quand on y retourne, on y veut mourir. Admirateur passionné de la Ville des Papes et de ses institutions, il n'est pas un quartier, du plus pauvre au plus riche, qu'il n'ait visité à pied. Chose étonnante! disait-il, on demande à grands cris des réformes pour les Romains et il n'y a que les Romains qui n'en veulent pas. Ce peuple se sent heureux et libre. Il n'y a pas une infirmité, pas une de nos souffrances qui n'ait à Rome une institution fondée et dotée pour l'accueillir et la soulager. Ailleurs, on interdit la mendicité; à Rome, on l'encourage et l'on attire les mendiants à force de créer des œuvres pour les recevoir. A Rome, il y a des mendiants, c'est vrai ; mais il n'y a pas de pauvres. Quand un va-nu-pieds vous demande l'aumône, il faut la lui faire noblement, sinon il la refuse. Plusieurs fois, Monseigneur visita ces quartiers populeux où les fainéants font leur dîner sur un feu allumé contre une colonne de marbre ou à l'angle d'un palais; jamais nos pauvres, disait-il, ne dînent aussi bien en Savoie ni même en France, c'est dire que le problème si difficile du paupérisme n'a été résolu qu'à Rome (1).

L'instruction y afflue à tous les degrés. La liberté des cultes, condamnée en principe, est accordée en fait à toutes les opinions religieuses. Quand les Juifs ont été repoussés de partout, Rome les a abrités dans le quartier qu'ils habitent encore aujourd'hui. Les protestants viennent d'ouvrir, à Rome, un temple sous le regard de la papauté. Jamais les pays protestants n'ont accordé aux catho-

---

(1) Voir *Rome et Londres*, par dom Margotti, rédacteur de l'*Armonia* (Turin).

liques la liberté que les Papes ont accordée aux protestants dans leurs États. Un seul reproche que mérite le gouvernement papal, c'est d'être trop bon, trop miséricordieux, et surtout on ne lui pardonne pas d'être catholique.

Mais ce qui ravit d'admiration Mgr Rendu, ce fut la visite des catacombes. Monseigneur eut la bonne fortune d'arriver à Rome au moment où M. le chevalier de Rossi venait de découvrir une catacombe du IIIe siècle. Les Pères de l'Église à la main, le savant géologue creusa, et sa main heureuse heurta l'escalier d'une de ces demeures souterraines des premiers catholiques persécutés. Les corridors s'ouvrent, des rues tortueuses se déploient, et comme pour rendre témoignage à la tradition, les vieux siècles ressuscitent et nos dogmes divins apparaissent incrustés sur la pierre. Et nous, catholiques du XIXe siècle, nous voilà parfaitement unis aux catholiques du IIIe; rien n'est changé : la place des autels, la séparation du clergé et des fidèles, la hiérarchie, le lieu des confessionnaux, le culte des Saints, la prière pour les morts, tout est marqué : argument invincible qui prouve que le fil de l'unité catholique n'a pas plus été rompu au XVIe qu'au IVe et qu'au Ier siècle de l'Église.

Pendant les deux mois de notre séjour à Rome, dit un témoin oculaire (1), je voyais, chaque semaine, Mgr d'Annecy se rendre à la basilique de Saint-Pierre, se ranger parmi les pèlerins et aller humblement, à son tour, se placer au confessionnal du pénitencier français. Il avait peu fourni sa malle de vêtements; il était parti sans domestique, aussi l'ai-je surpris le soir, bien souvent, prenant un peu de fil et restaurant sa soutanelle qui se déchirait. Je l'ai suivi dans sa visite aux tombeaux des Apôtres; avec quelle foi il s'est incliné devant les saintes reliques et comme il priait pour son cher diocèse, pour la paix de l'Église et pour Pie IX, dont il avait entrevu la grande âme et les grandes douleurs!

(1) M. l'abbé Mermillod.

CHAPITRE II

Audience du Pape. — M. de Pralorme. — Loi de spoliation. — Lettre des évêques au roi, écrite de Rome. — Leur lettre au ministre des affaires étrangères, à Turin. — Dernier espoir des religieux français. — Retour de Rome. — Passage à Turin. — M. de Guiche. — Peine perdue. — Plus d'espoir.

Le 4 novembre, les trois évêques de Savoie furent reçus par S. E. le cardinal Antonelli, et le lendemain, ils le furent successivement par le Saint-Père. Cette année-là, M. le comte de Pralorme était Chargé d'Affaires du roi de Sardaigne auprès du Saint-Siége. Il fut l'un des trois ambassadeurs sacrifiés par la politique piémontaise (1). Celui-ci reçut de M. Dabormida, ministre des affaires étrangères, une lettre dans laquelle les évêques étaient accusés d'avoir, à leur passage à Turin, sollicité du roi le change-

(1) M. le marquis de Spinola et M. le comte Bertone di Sambuy.

ment du ministère. De plus le ministère, voulant faire échouer les négociations projetées avec la cour de Rome, se hâta de proposer la loi de spoliation des congrégations religieuses. Le roi reçut, en conséquence, la lettre suivante :

Rome, 26 novembre 1854.

« Sire,

« Dès notre arrivée à Rome, nous nous étions occupés, selon les intentions de Votre Majesté, des moyens de préparer les voies à un arrangement avec le Saint-Siége. Nous avions trouvé les dispositions les plus bienveillantes, soit dans le Souverain Pontife, soit dans les cardinaux, avec lesquels nous en avons conféré. Malgré tout ce que l'on écrit et tout ce que l'on fait dans les États de Votre Majesté contre l'Église, le Saint-Siége était disposé, suivant ses anciennes maximes, à venir au secours des finances, à raison de l'état de détresse où elles sont. Il avait déjà donné une preuve de cette disposition lorsqu'il consentit, il y a deux ans, à la création d'une commission mixte chargée d'élaborer ce projet. Il demandait seulement, ce qui nous paraissait parfaitement sage et raisonnable, que le gouvernement prît l'engagement de reprendre et de terminer les négociations sur d'autres difficultés non résolues, et que, pour ce qui regarde la question pécuniaire, il fournît des renseignements plus complets. Nous pensions que le gouvernement de Votre Majesté, voulant mettre un terme à l'état de choses déplorable dans lequel se trouve notre pays, consentirait à faire, à cet égard, les concessions nécessaires; mais nous avons été douloureusement détrompés, en lisant le projet de loi que va présenter le ministère, contre les corporations religieuses et sur les biens de l'Église. Dès lors, notre position a été complétement changée. Non-seulement nous ne pouvions faire aucune instance nouvelle, mais nous croyions encore que, si le projet de loi est présenté, il sera de notre devoir de nous joindre à nos confrères dans l'épiscopat, pour faire entendre les plus sévères réclamations.

« En effet, ce projet de loi part de principes que l'Église ne saurait admettre et qu'elle a toujours rejetés. Il suppose que l'Etat peut, à son gré, supprimer les corporations religieuses et qu'il est maître des biens de l'Église. Aucune transaction n'est possible, Sire, avec de tels principes, si évidemment contraires à la doctrine catholique. Par conséquent, toute intervention officieuse serait inutile et déplacée de notre part, etc.

« Nous sommes, Sire, avec le plus profond respect,

« De Votre Majesté, etc.

« † ANDRÉ, archevêque de Gênes ;
« † FRANÇOIS-MARIE, évêque de Saint-Jean ;
« † LOUIS, évêque d'Annecy. »

Le projet de loi, transmis à M. de Pralorme par S. Exc. le ministre des affaires étrangères, fut communiqué aux évêques, qui s'empressèrent de répondre au ministre :

« Monsieur le général,

« La lettre que Votre Excellence a adressée à M. le comte de Pralorme, en date du 5 de ce mois, et qu'il a eu la bonté de nous communiquer, exige de nous quelques courtes explications, que Votre Excellence recevra, nous l'espérons, avec la bienveillance qui nous est connue.

« Lorsque deux évêques de Savoie, lors de leur passage à Turin, eurent l'honneur d'être reçus de Sa Majesté, ils lui promirent de faire leurs efforts pour que le Saint-Siége fît des concessions à l'État, soit à cause de la détresse des finances, soit pour épargner au pays des maux qui ne manqueraient pas de résulter de la loi que le ministère avait l'intention de proposer. Sa Majesté daigna nous recommander de lui écrire. Nous l'avons fait aussitôt après avoir appris que le ministère allait présenter le projet de loi qui rendait impossible toute négociation avec le Saint-Siége; mais, tout en déclarant au roi, que nous ne pouvions plus nous occuper de la mission qu'il nous avait confiée, nous nous sommes abstenus de dire un seul mot du *changement du ministère.* (Voir la lettre précédente.)

« L'exposé des motifs de la loi et la lettre même de Votre Excellence nous ont confirmés dans la conviction que le gouvernement avait mis lui-même un terme à toute négociation avec le chef de l'Église; car le ministère, attribuant à l'État le droit de disposer des biens ecclésiastiques et celui de supprimer, à son gré et par lui seul, les communautés religieuses, refuse par là même ce double droit au Saint-Siége. Cela étant, il est impossible de comprendre quel pourrait être l'objet ou le but des négociations. On ne traite pas avec une puissance à laquelle on ne reconnaît aucun droit.

« Les maximes énoncées par le ministère sont entièrement contraires aux principes que nous professons et auxquels un catholique ne peut renoncer sans trahir sa foi. Qu'il nous soit permis de les énoncer en peu de mots :

« 1° L'Église a le droit de propriété qui lui est nécessaire pour remplir la mission qui lui a été confiée. Elle le tient de son divin Fondateur qui en a fait un point essentiel de sa constitution. Elle l'a exercé dès les premiers jours de son existence, sous le règne même des persécuteurs, et elle le maintiendra jusqu'à la fin du monde, quelles que soient les formes politiques des différentes contrées soumises à sa juridiction.

« 2° L'État n'a pas le droit de supprimer les communautés religieuses et reconnues par l'Église.

« 3° Représenter comme inutiles les monastères, dont les membres se vouent à la prière et sont destinés à donner l'exemple de la plus haute perfection évangélique, est une maxime antireligieuse, une négation de l'ordre surnaturel; c'est renverser la religion par sa base.

« 4° Ces principes, que nous ne faisons qu'énoncer, sont hors de toute contestation pour quiconque connaît notre Religion sainte réduite à ses éléments. L'Église les a sanctionnés en portant plusieurs fois, et notamment au Concile de Trente, la peine d'excommunication contre ceux qui les violeraient. Aussi est-il indubitable que, non-seulement les acquéreurs des biens des corporations supprimées, mais encore ceux qui auraient voté la loi et les employés du gouvernement qui concourront à son exécution, seront frappés, *ipso facto*, de l'excommunication majeure. Dans le consistoire tenu samedi dernier, en présence du Sacré Collége et de 145 évêques venus de toutes les parties du monde, le Chef Suprême de l'Eglise a infligé au projet de loi le blâme le plus sévère, se réservant d'en parler encore. Il est impossible, Monsieur le général, de vous peindre notre peine et nos tristesses en cette circonstance. Cette humiliation pour notre pays et pour la Maison de Savoie, huit fois séculaire, est pour nous le sujet de la douleur la plus navrante.

« D'ailleurs, Monsieur le ministre, jamais, dans

notre pays, ce que l'on est convenu d'appeler l'*État* ne s'est attribué le droit de disposer des biens de l'Église sans elle. Nos traités, nos concordats, nos lois administratives, notre législation tout entière sont là pour prouver que l'État n'a jamais cru ni pu croire qu'il pouvait par sa libre volonté disposer des biens de nos congrégations religieuses.

« Le ministère tâche de se justifier en citant des antécédents pris parmi les nations étrangères et même, chez nous, l'abolition des dîmes dans l'île de Sardaigne. Nous apprécions trop l'intelligence de nos hommes d'État pour qu'ils puissent croire qu'une première usurpation ait jamais été une raison suffisante pour en légitimer une seconde.

« Il est dit, dans le même projet de loi, que les biens des corporations religieuses violemment supprimées il y a cinquante ans et qui, en 1814, se trouvaient encore entre les mains de l'Etat, sont des biens domaniaux. Il suffit de lire le concordat de 1801 pour s'assurer qu'il n'en était pas ainsi. Le Saint-Siége consentit à ce que le gouvernement français n'*inquiétât* pas ceux qui avaient acheté des biens de l'Église ; mais il ne fit aucune concession touchant les biens qui n'avaient pas été vendus. Ces biens restaient donc la propriété de l'Eglise. Par conséquent, lorsqu'après 1814, le gouvernement du roi les remit à des institutions religieuses, il ne fit que leur rendre la destination qu'ils devaient avoir.

« Veuillez, Excellence, agréer, etc.

« † ANDRÉ, archevêque de Gênes ;
« † FRANÇOIS-MARIE, évêque de St-Jean ;
« † LOUIS, évêque d'Annecy. »

Il y avait, en Savoie, plusieurs communautés religieuses créées avec des fonds venus de France et dont presque tous les membres étaient Français. Un dernier espoir leur restait pour échapper à la proscription, c'était de recourir à l'empereur Napoléon III ; personne ne se doutait à cette époque que par-dessous la révolution d'Italie était cachée la main de la France.

En revenant de Rome et passant par Turin, les évêques de Savoie se rendirent auprès de l'ambassadeur de France, M. le duc de Guiche ; c'était le 5 janvier 1855. Les évêques exposèrent à M. de Guiche que les Français qui avaient fait des vœux et apporté des fonds dans les couvents de Savoie, l'avaient fait sous la foi des traités qui assuraient réciproquement protection aux citoyens des deux nations. Ils ont acquis, disaient-ils, sur cette confiance, des propriétés, un domicile et une existence spéciale qui est devenue un droit. La loi projetée attaquant directement leurs propriétés, leur domicile et leur association, ils doivent user de tous les moyens légaux pour les défendre. Or, le moyen légal est de réclamer la protection de leur pays. Les Carmélites de Chambéry, les dames du Sacré-Cœur, les sœurs de la Visitation, les Chartreux du Reposoir, les Ligoriens de Contamines, etc., voulaient faire des pétitions individuelles à l'Empereur des Français ; nous avons pensé que la chose était inutile et qu'il suffirait d'indiquer le fait à son ambassadeur à Turin. Comme nous ne voulons rien faire qui ne soit susceptible d'être mis au grand jour, nous ferons connaître aussi notre démarche à notre auguste Souverain.

Tout fut inutile ; la loi fut votée le 29 mai 1855 ; les Ordres les plus pauvres furent supprimés au sein de la paix comme ils l'avaient été aux jours les plus affreux de la Révolution française.

CHAPITRE III

Arrivée des Évêques. — Séances préparatoires.— Admirable unité catholique. — Conférences de Saint-Vincent de Paul. — Description de la fête du 8 décembre. — Un rayon de soleil. — Couronnement d'une Vierge. — Consécration de Saint-Paul-hors-des-murs.

Monseigneur eut l'ineffable joie d'assister aux fêtes de la définition du dogme de l'Immaculée Conception de la sainte Vierge ; il était du nombre de ces deux cents évêques venus de tous les horizons du globe à ces fêtes qui n'auront pour égales que celle de l'éternité.

La première réunion préparatoire des évêques fut tenue le 20 novembre, sous la présidence des cardinaux Brunelli, Santucci et Caterini ; elles se continuaient chaque matin.

Plus de cent prélats se trouvaient réunis dans cette première assemblée. Parmi eux, étaient près de quarante archevêques assis sur les premiers siéges de la chrétienté. Les États-Unis y avaient envoyé les archevêques de New-York et de Baltimore ; comme l'Allemagne, ses plus illustres pontifes. Depuis le Concile de Trente, on n'avait point vu d'assemblée aussi solennelle : les séances se tenaient dans la salle consistoriale du Vatican.

Était-il opportun de définir le dogme de l'Immaculée Conception ? Telle fut l'une des questions adressées par Pie IX, à tous les évêques de la catholicité. Quelques rares évêques, entre autres, ceux de la Savoie, avaient répondu négativement. Sur six cents réponses, plus de cinq cent cinquante étant pour l'affirmative, le Souverain Pontife décida que le temps de définir était venu. Dans les réunions, les évêques ne discutaient que sur la rédaction de la Bulle : le Pape se réserva la forme de la définition qui était le secret de son cœur.

Les évêques des États-Sardes étaient accueillis avec une distinction marquée ; leurs talents et leurs luttes, pour la liberté de l'Église, les signalaient à l'attention générale. Il était beau de voir tous ces pontifes, arrivés de tous les points du globe, se reconnaître immédiatement et s'embrasser ; on sentait qu'il n'y avait là qu'une foi, qu'un cœur et qu'une âme.

Le 6 décembre, Monseigneur écrivait du Vatican :

« Depuis deux ou trois jours, le Saint-Père est d'une grande tristesse. Que d'amertumes inondent son âme ! Cependant, il vient d'avoir une grande consolation. Ce matin, à sept heures, il a dit la Sainte Messe dans une chapelle de Saint-Pierre, et il l'a dite à la sollicitation des Conférences de Saint-Vincent de Paul et pour toutes les Conférences du monde. Toutes celles de Rome et de l'étranger qui s'y trouvaient pour la fête, ont assisté à sa messe et ont communié de sa main. La foule était grande. J'ai, au moment de cette communion, regretté de n'être pas membre d'une Conférence ; mais j'ai bien joui du bonheur des autres. »

Laissons Monseigneur nous raconter lui-même comment se sont accomplies les fêtes du 8 décembre ; c'est le lendemain qu'il écrit du Vatican :

Rome, 9 décembre 1854.

« Mon cher ami,

« Je n'ai rien pu vous dire hier ; j'avais trop à sentir ; il y a des moments dans la vie où l'on est forcé de ne vivre que pour soi. Or, depuis cinq heures du matin où j'ai pu, avec peine, dire la Sainte Messe à Saint-Pierre, pour moi, pour vous, pour tous mes prêtres, pour tout mon diocèse, jusqu'à minuit, je n'ai pas cessé un instant de vivre des émotions les plus douces. Saint-Pierre de Rome n'a jamais rien vu de pareil, et ce n'est pas trop présumer que de dire qu'il ne verra jamais plus rien de semblable.

« Dès huit heures du matin, plus de deux cents prélats en mitre blanche précédaient le Saint-Père, suivi d'un cortége immense; nous descendions les magnifiques escaliers du Vatican pour entrer à Saint-Pierre au chant des Litanies des Saints. Il y avait là près de quarante mille âmes de toutes les nations, de tous les peuples et de toutes les langues de l'Univers. On peut bien réunir des hommes, des assemblées délibérantes, des congrès de science, ou de tout ce que l'on voudra; mais trouver, dans un seul lieu, quarante mille âmes, qui, sans s'être jamais vues, ont une même pensée, une même doctrine, une même foi, c'est un prodige de la toute-puissance de Dieu, et ce prodige nous l'avons vu.

« La veille, le temps était affreux; une pluie

torrentielle n'avait discontinué de tomber et de donner des craintes pour le jour de la fête. Le matin du 8, se lève un soleil splendide, qui n'a cessé d'éclairer ce beau jour.

« A dix heures et demie, le Saint-Père était sur son trône, la messe était commencée. Après l'Évangile, chanté en grec et en latin, il se disposait à lire le Décret, quand, du fond d'une chapelle latérale, partit un rayon de lumière qui arriva juste sur les pieds du Pontife, au moment où il prononçait les paroles du Décret. Je ne puis dire tout ce qui se passait alors dans mon âme! Le Saint-Père entonna le *Veni Creator*, et quarante mille voix se sont élevées pour chanter avec lui ; je vous l'assure, ce n'était plus la terre ; c'était déjà le ciel.

« En lisant les paroles de la formule de foi, la voix du Souverain Pontife s'est peu à peu altérée et l'attendrissement l'a empêché un instant de continuer. Bientôt, l'assistance entière a, comme lui, versé de douces larmes. Il est impossible de dire combien tout cela était beau ; il faut l'avoir vu.

« A la fin de la cérémonie, le Saint-Père a lui-même couronné une Vierge dans la chapelle des

Chanoines; cette couronne est garnie de pierres précieuses, données par le cardinal Antonelli. »

Monseigneur assista aussi à la consécration de l'église de Saint-Paul-hors-des-murs, que fit le Saint-Père lui-même le 10 décembre.

Le nom de Mgr Rendu se lit aujourd'hui sur la façade de cette basilique où ont été gravés les noms de tous les évêques présents à cette auguste cérémonie.

LIVRE QUATRIÈME

RETOUR EN SAVOIE.

CHAPITRE PREMIER

Arrivée. — Fêtes du 6 mai 1855. — La Bulle INEFFA-BILIS, **imprimée à Annecy. — Elle est envoyée et lue dans toutes les paroisses. — Fêtes d'Annecy. — Monuments qui en perpétuent le souvenir. — M. Sallavuard. — Il est nommé Vicaire Général. — Mandement sur la prière. — Pages sur le voyage du Pape dans ses États. — Citation.**

Enfin, Monseigneur, embaumé de tous les parfums de Rome et les mains pleines de toutes les bénédictions, revint en Savoie et arriva à Annecy le 15 janvier 1855. Son entrée fut modeste et silencieuse ; le chapitre auquel s'était uni le clergé de la ville vint cependant saluer Monseigneur, et M. Challamel, le prévôt, lui adressa un compliment dans lequel il célébrait les gloires de Pie IX qui venait d'ajouter l'*Immaculata* au θεοτόκος du Concile d'Éphèse, et lui exprima le bonheur qu'avait ressenti le diocèse de saint François de Sales d'avoir eu son évêque aux pieds du Vicaire de Jésus-Christ au moment où sa main attachait une douzième étoile à la Couronne de Marie.

L'univers entier se leva pour saluer bienheureuse la Vierge Immaculée, et les fêtes, pendant une année, n'ont fait que se succéder jusqu'aux extrémités du monde. La Savoie eut les siennes le 6 mai, et l'on peut bien dire qu'en ce jour les montagnes s'émurent et que les collines ont tressailli. Des processions, des concours, des arcs de triomphe, des illuminations, des feux de joie allumés au sommet des montagnes et brûlant par-dessus les nuages, ont fait du 6 mai un jour à jamais mémorable dans les annales religieuses de la Savoie. Un exemplaire de la bulle *Ineffabilis Deus*, imprimée à Annecy, pour les quatre diocèses, fut adressé à chaque paroisse ; elle fut lue, le même jour, dans toutes les églises.

Monseigneur, trop souffrant, ne put en faire la lecture tout entière dans sa cathédrale, mais il se réserva la consolation de répéter les paroles sacrées par lesquelles le pape Pie IX avait défini le privilége de Marie.

« Après l'Évangile, dit l'auteur de *Notre-Dame*

de Savoie, après l'Évangile de la messe pontificale, un grand vicaire fit la lecture de la Bulle. Aux paroles du décret il s'arrête, la foule se lève spontanément, et Monseigneur, debout sur son trône en face de la chaire, lut la définition dogmatique qu'il avait entendue lui-même de la bouche du Souverain Pontife dans la basilique de Saint-Pierre de Rome. Mgr Rendu était profondément ému, et nous le fûmes nous-même bien vivement, surtout quand après l'intonation du *Credo* nous entendîmes la multitude chanter cette antique règle de foi des chrétiens avec un enthousiasme inusité (1). »

Plusieurs monuments furent érigés dans le diocèse en souvenir de cette fête ; une belle chapelle fut dressée dans la cathédrale d'Annecy en l'honneur de la Vierge Immaculée par l'infortuné chanoine Sallavuard, dont il faut saluer le nom avec une respectueuse tristesse. Il avait été honoré, pour son malheur peut-être, de la confiance de trois grands évêques : de Mgr de Thiollaz, de Mgr Rey, dont il prononça l'Oraison funèbre, et de Mgr Rendu.

(1) *Notre-Dame de Savoie*, par l'abbé Grobel (Annecy, Burdet).

Appelé à l'évêché d'Annecy par le premier, nommé vicaire général par les deux autres pontifes, deux fois, il se vit, à la vacance du siége, exclu de cet honneur par le chapitre. Quand Monseigneur l'éleva à cette dignité, je vis avec quelle joie il le faisait; c'était le jour où il partait pour Rome; mais il céda aussi aux instances du célèbre et savant abbé Martinet (1), qui lui disait : Monseigneur, il le mérite, et vous devez rendre cet hommage à la mémoire et au choix de Mgr Rey.

Auteur de la relation de l'incendie de Sallanches, et de la Vie du Vén. Jaccard, martyrisé en Cochinchine; défenseur intrépide de la liberté de l'Église, le chanoine Sallavuard travailla pendant plus de quinze ans à la rédaction de l'*Echo du Mont-Blanc* et du *Bon Sens*, dont les articles faisaient frémir le ministère piémontais. Le Pape lui fit remettre en récompense, par les mains de Mgr Rendu, le titre de camérier d'honneur. Ami des pauvres et du peuple, il est enseveli avec eux dans le cimetière d'Annecy, et sur sa tombe vous ne verrez qu'une croix de bois qu'a plantée la main d'une pauvre ouvrière.

(1) L'immortel auteur de la *Solution des grands problèmes*.

Depuis son retour, Mgr Rendu tint les yeux fixés sur Rome, comme le pilote sur sa boussole et sur l'étoile. En 1858, condamné à un repos absolu, il dut prier l'un de ses grands vicaires de faire le Mandement du carême; la prière en était le sujet. Mais, quand il s'agit de parler de Rome et d'annoncer le jubilé que le Pape avait accordé après son voyage triomphal à travers ses États, il recueillit toutes ses forces et il écrivit les pages que nous allons citer parce qu'elles furent comme le dernier chant du cygne qui se sentait mourir.

« Pour donner un témoignage éclatant de sa tendre dévotion à Marie, Vierge Immaculée, et Mère de Dieu, le Souverain Pontife avait résolu de faire un pèlerinage au sanctuaire de Notre-Dame de Lorette, séparé de Rome par la chaîne des Apennins. Le moment de satisfaire sa dévotion est arrivé, il se met en route. L'univers est attentif et tient quelque temps ses regards fixés sur la marche de l'auguste pèlerin. Les enfants de l'Église l'accompagnent des vœux de leur vénération et de leur amour. Les ennemis du Christ le suivent aussi; mais c'est dans l'attente de quelque fâcheux événement qui réponde à la perversité de leurs désirs. Une immense acclamation de tous les cœurs avait retenti dans la Ville éternelle au moment de son départ et tous demandaient au Ciel qu'il le ramenât bientôt de ce pieux pèlerinage. A peine a-t-il franchi les murs de Rome que les populations accourent de toutes parts et viennent se presser autour de celui que la foi leur apprend à regarder comme le représentant de Jésus-Christ et que leur propre expérience leur montre comme le meilleur des Souverains. Tous veulent contempler ses traits, tous veulent être bénis. Tout ce que l'esprit créateur des Italiens sait faire pour exprimer la joie et embellir une fête, couvre la route qu'il doit parcourir jusqu'à Lorette, et manifeste les sentiments de ces populations religieuses, ivres du bonheur de contempler leur Pontife et leur Roi. Il est à Lorette depuis quelques jours; son vœu est accompli et il a prié dans cette pauvre maison qu'habitait, à Nazareth, l'Immaculée Vierge Marie lorsque le Verbe éternel s'est incarné dans ses chastes entrailles, dans cette maison qu'il a habitée lui-même jusqu'à trente ans; cette maison enfin, qui, transportée par les Anges au centre de la catholicité, y est devenue un des plus augustes sanctuaires du monde. C'est là que le digne Successeur du Prince des apôtres a prié pour nous, pour tous ses enfants et pour le vaisseau de l'Église dont il tient le gouvernail.

« Après avoir satisfait le désir de son cœur et son ardente piété envers la Mère de Dieu, il restait au Souverain de répondre au vœu de ses sujets. Ici le pèlerinage de dévotion se change en un voyage politique (1). L'homme de Dieu va céder la place à l'homme du peuple. De noires calomnies, inventées dans les antres secrets des conspirateurs et montées de là jusque dans les régions les plus élevées de la société, représentaient les peuples de l'Italie, et celui de Rome surtout, comme soumis à de mauvaises administrations et à une tyrannie qui, en les irritant, les disposait sans cesse à la révolte et à la guerre civile. Pour détruire les fausses impressions laissées dans les esprits par ces insidieux mensonges, que fallait-il faire? Contredire? Eh non! ceux qui inventent ne se découragent pas pour si peu. Avec la sagacité et l'inspiration qui ne manquèrent jamais sur le

---

(1) Un homme de lettres, M. Luigi Verani, qui habitait Voltera, offrit au Pape, dans son voyage, les œuvres de Mgr Rendu qu'il avait traduites en italien. Le Souverain Pontife, ravi de ce souvenir et de cette rencontre, accepta l'offrande et donna une médaille d'or au traducteur.

trône de saint Pierre, Pie IX se dit à lui-même : Allons au milieu de nos sujets, voyons de nos propres yeux : s'il y a des abus, portons-y des réformes; s'il y a des souffrances, portons-y des consolations et des remèdes; éclairons les hommes trompés, encourageons les timides et soutenons les hommes de bonne volonté. Le Pontife-Roi, cédant à ce vif intérêt qu'il porte à ses enfants, va les visiter jusque dans les provinces les plus éloignées de ses États. A son aspect, le mensonge fuit, la vérité se formule en ovations et en cris de joie. La seule présence du Pontife-Roi semble dire aux peuples qu'il visite : N'est-ce pas à nous, à nos prédécesseurs, n'est-ce pas à l'action de l'Église que vous devez tout ce que vous êtes? En vain chercheriez-vous, dans le reste du monde, une civilisation semblable à la vôtre. N'est-ce pas à la sollicitude paternelle de vos Souverains, à l'influence de la liberté absolue que vous avez le bonheur de posséder; n'est-ce pas au règne de la charité que vous devez d'être le peuple le plus intelligent de l'Europe, celui où pas un individu n'est soumis aux tortures du travail pour éviter la faim, et aux tortures de la faim pour pousser au travail, et, sous des formes nouvelles, faire revivre l'esclavage ancien? Grâce aux lumières que l'Église de Jésus-Christ a fait reluire autour de Rome, son principal sanctuaire, votre sol est partout empreint des traces du génie. Il n'est pas jusqu'au plus petit village de l'Italie qui ne reflète quelques rayons de l'intelligence divine. Votre supériorité est partout écrite en marbre, en bronze, en institutions savantes et en monuments assez solides pour défier l'avenir. Aussi, les hommes accourent de partout pour vous payer le tribut de leur admiration ; ailleurs, on va voir des montagnes, des lacs, des œuvres de la nature; ici, on vient contempler la grandeur de l'homme régénéré, les chefs-d'œuvre de la civilisation chrétienne qui, sans les détruire, a pris, pour piédestal les trois ou quatre civilisations qui l'ont précédée. Nous ne devons rien à l'Europe moderne, tandis qu'elle nous doit sa civilisation : vous lui avez ouvert les voies dans la théologie d'abord, dans la philosophie, la physique, l'astronomie, la jurisprudence et tous les beaux-arts. Grâce à la doctrine universelle que vous tenez de la révélation, vous avez pu faire envier au monde des esprits universels, comme Dante, Galilée, Michel-Ange et saint Thomas d'Aquin, le génie le plus étendu, le plus complet qui ait jamais paru. Bénissez la Providence qui vous a, jusqu'à ce jour, guidés dans les voies du progrès moral, et surtout qui vous a préservés du malheur de devenir la proie de quelques maîtres cruels, rois apocryphes, qui pilleraient vos richesses et qui exploiteraient votre liberté dans le seul but d'augmenter la leur et de vous tyranniser sans opposition. Vous avez traversé tous les régimes, la conquête, l'usurpation, la guerre civile et l'anarchie. Vous avez passé par toutes les formes sociales, la monarchie, l'oligarchie, la république et la démocratie, et pourtant aucune de ces formes n'a été assez mauvaise pour paralyser le principe chrétien qui a arrêté, civilisé le barbare et maintenu votre prospérité. Vos villes, quatre ou cinq fois pillées, dévastées, incendiées, ont pu renaître de leurs cendres, et cette Rome, que les barbares croyaient avoir ensevelie sous les décombres, est encore aujourd'hui la Reine de l'univers. Conservez, conservez à jamais la vertu morale qui a fait affluer sur votre sol l'abondance de la vie et l'éclat de la grandeur.

« Heureux habitants de la Ville éternelle, qui avez le bonheur de vivre sous la houlette du Vicaire de Jésus-Christ, étendez votre pensée sur le monde politique, passez en revue les souverains, les princes, les grands, les hommes du pouvoir, et même ceux de la science, et, la main sur la conscience, dites-nous si, dans cette innombrable foule, vous trouverez un maître plus doux, un juge plus sage, un père plus tendre, un administrateur plus désintéressé, un concitoyen plus généreux et, pour tout dire en un mot, un Roi plus digne d'amour?

« Nous ne dirons pas de quels vœux les conspirateurs accompagnaient le périlleux voyage du Pontife-Roi; nous ne dirons pas les efforts qu'ils ont faits pour arrêter l'élan des populations qui se montraient partout ivres de joie, en contemplant les traits de celui qui, tenant d'une main les rênes de la société, versait de l'autre d'abondantes bénédictions sur ses enfants. Chacun de ses pas était un triomphe. Rien n'a pu arrêter l'enthousiasme des bons habitants de la province ni les bruyants témoignages que les sujets montraient à leur Roi. »

Ne sent-on pas, sous ces lignes émues, palpiter le cœur du vieillard qui semblait se rajeunir au souvenir de Rome et de ses immortels Pontifes?

CHAPITRE II

Impression qu'a laissée, à Rome, Mgr Rendu. M. Mermillod. — M. Albert de Costa. — Mgr Rendu donne un prêtre au Souverain Pontife, qui le lui demande. — L'abbé Bérard. — Lettres. — Ce que le Pape pense de Mgr Rendu.

Quoique la science afflue à Rome où elle est unie aux plus modestes vertus, Monseigneur ne manqua d'y être remarqué. Voici ce que m'écrivait M. l'abbé Mermillod qui l'avait accompagné dans ce voyage :

Rome, 18 décembre 1854.

« Mon cher ami,

« Monseigneur vous racontera les joies de notre vie romaine, nos fêtes incomparables ; mais ce qu'il ne vous dira pas, c'est l'impression qu'il laisse à Rome. Sa science, son esprit, sa vertu aimable ont été appréciés ici où se trouvent l'abondance de la science et des trésors de vertus. Je bénis Dieu de m'avoir accordé la faveur de voir ce triomphe de la Sainte Vierge et je le remercie de m'avoir fait vivre dans la douce et bonne intimité de Mgr d'Annecy. Priez pour moi à Saint-François de Sales, je vous le rendrai à Saint-Pierre de Rome.

« G. Mermillod. »

M. Albert de Costa, fils aîné de l'illustre marquis, m'écrivait le 12 avril 1855 :

« Monsieur l'abbé,

« Monseigneur laisse à Rome de bien vifs souvenirs; le cardinal Antonelli m'en a parlé avec affection et le Saint-Père m'en a demandé des nouvelles avec beaucoup d'intérêt. »

Ce qui avait profondément touché le Souverain Pontife, c'est l'empressement qu'avait mis Mgr Rendu à céder au Saint-Siége un de ses prêtres pour être aumônier de la Légion Étrangère. Le Saint-Père s'était d'abord adressé à un évêque de la Suisse, qui avait cru pouvoir refuser. Mgr Rendu, pensant que c'était un devoir de conscience d'accéder à la demande du Chef Suprême des prêtres et des fidèles, envoya de suite l'abbé Bérard, professeur d'histoire au collége d'Annecy.

Le Pape fit remercier Mgr Rendu, et l'un des aumôniers de la Légion Étrangère écrivit à l'évêque d'Annecy :

Rome, 2 février 1858.

« Monseigneur,

« Dans son audience du 30 janvier dernier, Sa Sainteté, sur la proposition de Mgr Tizzani, archevêque de Nisibe, Grand Aumônier des troupes pontificales, a daigné nommer le cher abbé Bérard, aumônier au 1er régiment étranger, au service du Saint-Siége. Mgr le Grand Aumônier, auquel j'avais remis la lettre que vous avez bien voulu m'écrire, la présenta à Sa Sainteté pour lui prouver que Votre Grandeur a beaucoup d'estime pour l'abbé Bérard. Le Saint-Père a lu deux fois votre aimable lettre tout entière, et il est revenu une troisième fois au passage où vous dites que, malgré les besoins de votre diocèse, vous cédez de grand cœur l'abbé Bérard, heureux d'avoir un de vos bons prêtres dans l'armée du Saint-Siége. Sa Sainteté dit avec deux grosses larmes aux yeux : « Qu'il est bon cet évêque d'Annecy ! combien il est affectionné au Saint-Siége. » Se tournant ensuite vers

Mgr Tizzani, il ajouta : « Dites à M. Oberson d'écrire tout de suite à Mgr Rendu que je lui envoie, de tout mon cœur, la bénédiction apostolique et que je lui garde une place toute particulière dans mon affection.

L'abbé Bérard écrivait à son tour à Monseigneur :

Rome, 12 juin 1858.

« Monseigneur,

« En sortant de chez le Saint-Père où j'ai eu l'honneur d'être admis hier, j'éprouve le besoin d'écrire à Votre Grandeur.

« L'absence de Sa Sainteté qui était allée passer quelques jours à Castel Gandolpho ; les fatigues de la fête du *Corpus Domini* à laquelle elle a assisté, ont empêché vos aumôniers d'être reçus plus tôt. Mais la bienveillance avec laquelle le Saint-Père nous a accueillis, nous a bien dédommagés de ce mois d'attente. Il m'a demandé des nouvelles de son « Caro Vescovo d'Annecy, » a loué en termes affectueux l'empressement avec lequel vous lui avez accordé un aumônier, s'est plaint de Monseigneur M..., qui dans une autre circonstance n'a pas fait de même, et, lorsque je lui ai dit que vous aviez l'intention de venir encore une fois à Rome, baiser les pieds de Sa Sainteté, « Tant mieux! a-t-il répondu; il remplacera l'archevêque (Mgr Billiet) que je n'ai pas encore vu. «J'espère, Monseigneur, me trouver aussi bien, à Rome, comme soldat du Pape, que je l'étais à Annecy, comme professeur aux ordres de M. Lanza.

« Daignez, Monseigneur, etc.

« A. BÉRARD, aumônier. »

Ces témoignages attestent quelle était la haute estime et la profonde affection de Pie IX pour notre bon évêque, et si quelque jour, Monseigneur, moins oublié, trouvait, quelque part, une pierre qui rappelle son souvenir, aucune épitaphe ne serait mieux choisie que ces paroles de Pie IX en parlant de Mgr Rendu : « Qu'il est bon cet évêque d'Annecy! »

CHAPITRE III

Souffrances. — **Fêtes de Myans.** — **Mgr Sibour.** — **Derniers travaux.** — **M. de Montalembert.** — **L'Univers.** — **Pamphlet de l'Univers, jugé par lui-même.**

Depuis son retour de Rome, Mgr Rendu, usé par le travail et la souffrance, n'était plus qu'une ombre et une ruine. « Je vous envoie, écrivait-il à Madame Eugène Rendu (1), un échantillon de mandement que j'ai fait pour la paix (après Villafranca); il vous donnera la mesure des forces qui me restent. » Dans une autre lettre il lui disait : « J'ai fait mes pâques tout seul dans ma chapelle; il m'en a beaucoup coûté de ne pas les faire avec tous mes prêtres. Je ne puis plus ni travailler le jour ni reposer la nuit, et, ne plus travailler, pour moi, c'est être bien malade. »

(1) A Paris.

En effet, en 1855, eut lieu à Notre-Dame de Myans (près Chambéry) l'inauguration d'une statue de la Vierge qui couronne la tour de cet antique sanctuaire. Invités à cette fête, Mgr Sibour, archevêque de Paris, et Mgr de Tripoli, son neveu, demandèrent en passant à Annecy l'hospitalité à Mgr Rendu ; le séjour de Rome les avait si étroitement unis ! La cérémonie eut lieu le 17 octobre ; le temps fut affreux ; Mgr Rendu en revint si malade qu'il ne traîna plus dès lors qu'une douloureuse existence. Quelques visites pastorales dans les vallées de Thônes et de Faverges, furent à peu près les derniers efforts de son zèle épuisé.

Il vint à Menthon prendre quelques jours de repos ; « mais le travail, disait-il, monte en croupe et galope avec moi ; tout me rappelle que je suis sur le chemin de la douleur. Que Dieu soit béni ! » Quoique malade, il suivait toujours, avec intérêt, le mouvement général des esprits en Europe ; rien ne lui était étranger de tout ce qui se faisait pour ou contre l'Eglise.

Un jour, en 1859, tomba entre ses mains une lettre de M. le comte de Montalembert au Père Lacordaire. M. de Montalembert raconte que le coup d'État lui avait paru, un instant, le seul moyen de sauver la France et d'arriver à la liberté de l'Eglise. Or, il n'est pas sans intérêt de savoir, aujourd'hui surtout, que, déjà à cette époque, le Président voulait deux choses : *le pouvoir par le peuple et les bords du Rhin.*

Hélas! M. de Montalembert vit bientôt qu'il s'était fait illusion. Dans la lettre que vit Monseigneur, M. le comte dévoile les tristesses de son âme brisée et son ennui de la vie. Aussi, en 1852, une création de sénateurs dut avoir lieu; M. de Montalembert fut porté sur la liste; il refusa et, dès lors, il ne revit plus Louis Napoléon.

L'illustre défenseur de la cause catholique avait même proposé à Napoléon un projet de loi destiné à garantir la liberté religieuse par l'abolition de certains articles organiques et par la suppression de quelques articles du Code civil. Napoléon remit le projet à son ministre, M. de Fortoul, qui le retira; M. le comte n'entendit plus parler de rien.

Malheureusement M. de Montalembert crut devoir faire de l'opposition à *l'Univers* qui avait épousé la cause de l'Empereur et la soutint aussi longtemps que ce journal crut que le nouveau Souverain de la France donnerait la liberté à l'Eglise.

A ce moment parut la brochure : les *Intérêts catholiques au* XIXe *siècle*, qui fit grand bruit en Europe.

Mgr Rendu, loin de se ranger entièrement du côté des admirateurs, adressa à M. de Montalembert une lettre publiée par les *Annales catholiques* de Genève, dans laquelle on ne croirait pas que l'auteur fût si vieux, ni si souffrant.

« Quoique inconnu de vous, écrivit un député à Mgr d'Annecy, je vous félicite du grand service que vous avez rendu en rétablissant la vérité dans la politique catholique. Il est plus que jamais essentiel de poser les points fondamentaux d'un *Credo* politique. Votre lettre à M. de Montalembert est un pas notable vers ce but. On ne saurait trop vous en remercier. Je suis bien touché de vos appréciations sur les mérites de l'*Univers* et de M. de Montalembert. Ami de M. Louis Veuillot, j'ai été aussi intime avec M. le comte pendant plusieurs années. Mais son affection pour moi s'est refroidie parce que j'ai combattu son retour au parlementarisme et son hostilité contre Louis Napoléon, qui m'avait prié de le réconcilier avec lui. Depuis ce moment, l'illustre orateur a vivement attaqué *partout* l'*Univers*. Les divers ennemis de l'Église et des doctrines romaines en ont grandement profité.

« Le vicomte G. DE LA TOUR. »

On a accusé M. d'Annecy, qui vivait en province, de n'avoir jamais compris le mal que l'*Univers* faisait à la cause catholique. Convaincu, au contraire, des services qu'il rendait chaque jour, il écrivit à M. Veuillot la lettre suivante; ce n'est point celle qui a été publiée :

Evian, 24 août 1856.

« Monsieur le Directeur,

« Comme tous les évêques de la Savoie, j'ai reçu le fameux libelle : l'*Univers jugé par lui-même*. Ne sachant à qui en accuser réception, je vous prie, Monsieur le Directeur, de me permettre de vous dire quelles pensées a fait naître dans mon esprit la lecture de cette déloyale production. Il y a vingt ans que je suis, avec une scrupuleuse attention, la guerre courageuse que vous faites à l'erreur. En vous voyant démasquer, sans ménagement, les intrigues de l'ambition, attaquer de front les faux systèmes de la philosophie universitaire, et démolir ces grandes réputations qui cachent, sous de brillantes couleurs, le poison qu'elles distribuent à la foule, je m'attendais bien à voir éclater sur vous les orages de toutes les colères; mais, je l'avoue, je n'aurais pu croire que la guerre vous serait déclarée par ceux-mêmes qui longtemps ont combattu pour la même cause et sous le même drapeau que vous. Au milieu des amertumes dont on vous abreuve, une chose pourtant doit vous consoler, c'est que vos ennemis ont le sentiment de la force que vous mettez à soutenir la cause religieuse à la défense de laquelle vous vous êtes dévoué. Pour anéantir votre œuvre si évidemment catholique, ils se sont crus obligés de former contre vous une coalition puissante, et d'user de moyens que réprouverait la probité la plus vulgaire. Voilà le sentiment que fait naître la lecture du pamphlet : l'*Univers jugé par lui-même*. Peu s'en faut que vos ennemis ne vous fassent un crime d'avoir eu à traverser, à juger et à décrire trois ou quatre révolutions intérieures et plus de vingt révolutions étrangères. Savez-vous ce qui me peine le plus dans cette triste affaire? C'est de penser qu'il se trouve dans le monde bien des personnes qui se croient autorisées à chercher, par-dessous ces injustes accusations, des noms que l'on est habitué à respecter. Pour nous qui sommes frappés de la tempête révolutionnaire, l'*Univers* et sa voix redoutée, nous sont un secours bien nécessaire. Continuez, Monsieur le Directeur, continuez à combattre les mauvais principes et les mauvais enseignements avec cette énergie qui caractérise votre talent; continuez à défendre toujours la liberté de l'Église qui, dans son sein, porte toutes les libertés.

« Recevez, etc.

« † Louis, évêque d'Annecy. »

CHAPITRE IV

Possédés de Morzine. — Enquêtes. — Moyens employés. — Explication des phénomènes. — Médecine morale.

Sous l'épiscopat de Mgr Rendu, des phénomènes d'un nouveau genre se produisirent dans la vallée de Morzine, située au milieu des montagnes les plus élevées du Chablais. On vit des enfants, saisis subitement de convulsions horribles ; dans cet état violent, ils vomissaient des blasphèmes et des injures dont ils ne gardaient plus aucun souvenir après la crise ; le nombre considérable de ces malheureux atteints par la maladie ; les caractères de spontanéité et de violence avec lesquels elle se manifestait ; ces signes réunis dans des enfants pieux et sages, parurent extraordinaires et portaient à croire qu'ils étaient possédés du démon.

Cette mystérieuse maladie éveilla l'attention des hommes les plus sérieux en Allemagne et en

France. Connu, dans le nord de l'Europe, par sa lettre au roi de Prusse et son procès, c'est à l'Evêque d'Annecy qu'on eut recours et de la Prusse et de l'Allemagne pour savoir ce qu'il fallait penser de ce retour aux possessions de l'Evangile. En répondant à M. Koenig, ministre protestant à Mariberg, en Westphalie, Monseigneur nous fait connaître les causes de cette épidémie étrange et quelle était son opinion sur les possédés de Morzine. Il écrivit donc à M. Koenig :

Annecy, le 28 octobre 1858.

« Monsieur,

« Vous me demandez des renseignements sur les maladies qui se sont manifestées dans la paroisse de Morzine, dans mon diocèse. Je vous dirai brièvement ce qui s'est passé.

« Dans l'été de 1857, une jeune fille est tombée dans un état de souffrance ayant beaucoup de rapport avec l'épilepsie. Entourée de beaucoup d'enfants de son âge et d'autres personnes qui voyaient ses défaillances, ses convulsions, ses cris, ses paroles sans pensée, on était dans l'étonnement, et l'on en cherchait inutilement la cause.

« Comme cela arrive toujours, les uns crurent que cette enfant était possédée du démon ; d'autres, qu'elle avait reçu un maléfice. On me demanda, à plusieurs reprises, l'autorisation de faire des exorcismes, qui ne peuvent se faire sans l'agrément de l'évêque ; je refusai, en conseillant toutefois de prier pour ces enfants. On insista ; j'envoyai sur les lieux le Supérieur des Missionnaires (1), homme instruit, froid et peu susceptible de se laisser aller à l'enthousiasme qui conduit facilement à l'erreur. Il vit tous ces enfants, leur prêcha, les confessa, les communia et ne trouva aucun caractère de possession.

« Enfin, au mois de juillet passé, ne pouvant y aller moi-même, j'ai envoyé un de mes Grands Vicaires, qui est revenu me dire que tout était rentré dans l'état normal, et qu'il n'était plus question de rien.

« Dès le principe, j'avais ordonné : 1° de ne point réunir ces enfants ; 2° de ne jamais parler de leurs crises, ni en leur présence, ni en présence d'autres enfants ; 3° de ne point les montrer aux étrangers qui venaient les voir ; 4° de les con-

---

(1) Le vénéré M. Mermier.

damner au travail du corps; 5° de les conduire avec les bergers dans les hautes montagnes; 6° de faire menacer et même fustiger par leur mère, les jeunes filles qui montreraient des dispositions à prendre des crises; enfin de tenir à ce qu'elles remplissent exactement leurs devoirs religieux. Quelques-unes ont été guéries par l'éloignement; d'autres, par les menaces; d'autres, sans qu'on puisse dire par quel moyen. Le plus grand nombre sont allées faire un pèlerinage à Notre-Dame de la Gorge, et ont cessé d'être malades depuis cette époque. Trois sont allées consulter un magnétiseur de Genève; deux sont encore sous l'action des crises nerveuses, mais rarement.

« Il s'est passé à cette occasion un fait assez singulier. Le magnétiseur est un M. Lafontaine, or il y a aussi dans la ville un traiteur qui s'appelle Fontaine. Une malade a été dirigée par erreur chez le traiteur, qui a vu à l'instant l'équivoque. Il n'a pas refusé de traiter la malade, qui était de son pays; il lui fit faire un bon repas, l'a renvoyée en lui assurant qu'elle était guérie, et il en fut ainsi.

« La manie de l'imitation a été la cause principale de l'extension du mal. Il faut ajouter que, à cette disposition qui est dans le fond de la nature humaine, les habitants des hautes vallées des Alpes sont sujets à de faciles et fréquentes exaltations (1). Il faut dire enfin que les sujets atteints étaient presque tous des jeunes filles de douze, de treize et de quatorze ans, ce qui aide à comprendre leur susceptibilité morale et physique.

« J'ai suivi cette épidémie avec un intérêt d'autant plus grand que j'avais fait une espèce d'étude de toutes les situations qu'elle cause et des phénomènes qui les accompagnent. Je connaissais tout ce qu'ont écrit là-dessus MM. Pettetin, de Puiségur, Despines, et d'autres docteurs plus récents. J'avais suivi toutes les expériences de catalepsies, assisté aux scènes des tables tournantes, parlantes, écrivantes, etc., etc.; or, je n'ai trouvé en tout cela qu'un charlatanisme dégoûtant, ou du moins, je n'ai jamais pu être témoin d'une expérience où je n'aie pas découvert de la supercherie.

« J'avoue cependant qu'il y a, parmi les personnes qui s'en occupent, des gens de bonne foi. Cela arrive surtout quand les phénomènes visibles sont le produit de deux causes agissant de concert :

(1) Pendant que Monseigneur était à Menthon, il en reçut souvent de Manigod, qui est dans le voisinage.

la cause morale de la volonté et la cause physique des éléments que l'on emploie. Tout cela est aidé par une disposition qui se trouve en nous à rechercher le mystère et à découvrir l'inconnu, disposition qui est plus grande encore chez ceux qui ne possèdent pas la vérité absolue, qui ne se trouve que dans l'Eglise catholique.

« J'avais conseillé les menaces pour les malades de Morzine, et voici pourquoi :

« Une fille entra, à Lyon, dans un pensionnat de demoiselles; elle était atteinte d'épilepsie. Un jour, elle éprouva une crise au milieu de ses compagnes. Une d'elles prend une crise nerveuse, puis deux, puis trois... Le docteur est appelé ; il sait quelle est la puissance de l'imitation ; il fait placer au milieu de la salle d'études un réchaud rempli de charbons ardents et déclare que c'est le seul vrai remède, et qu'on va faire asseoir sur le feu celles qui auront désormais des crises. Le remède fut bon, car les crises avaient disparu.

« J'ai conseillé la prière et les exercices religieux, à cause de ma longue expérience. Je passe rarement quinze jours ou un mois, sans qu'il m'arrive, d'une haute vallée de mon diocèse, des personnes qui viennent me demander de leur *enlever un sort*, ou de détruire un *sortilége* qui les fait horriblement souffrir. Au lieu d'une dissertation sur les sorciers, à laquelle elles ne comprendraient rien, je leur conseille le travail, même forcé, l'accomplissement de leurs devoirs religieux et surtout de se confesser. En leur promettant de prier pour elles, je leur dis de s'unir à moi d'intention. Ordinairement, je leur donne une petite médaille, une croix ou un chapelet, et, souvent, elles reviennent me remercier de les avoir guéries.

« Il manque une chose, Monsieur, à nos sciences médicales, c'est la médecine morale. Les sciences latérales à la médecine ont sans doute fait des progrès; mais la pathologie, l'art de guérir, est resté stationnaire, s'il n'a pas reculé. Nos docteurs qui enseignent, entièrement absorbés par l'organisme, ne s'occupent que de la moitié de l'homme, et encore, c'est la moins importante. Si quelque jour, ils parviennent à la connaissance de l'âme, de l'action évidente et puissante qu'elle exerce sur l'organisme, on verra naître une science nouvelle. La *médecine morale* aura pour elle les sept dixièmes de nos malades. Alors la médecine médicale prendra son vol et marchera de pair avec les autres sciences qui font de si rapides progrès.

On verra presque disparaître ces mots de *nerveux* et de *nerveuses* sous le voile desquels se cache souvent l'ignorance de nos docteurs.

« Qu'un jeune homme de talent et parfaitement chrétien, c'est-à-dire versé dans la connaissance de l'âme, s'empare de cette donnée et se dévoue à la médecine morale, il verra s'ouvrir devant lui les portes de la gloire et de la fortune ; je ne me trompe pas. Il recevra, par surcroît, les récompenses promises à ceux qui font du bien à leurs frères.

« A Dieu ! Monsieur, et croyez, etc.

« † Louis, Évêque d'Annecy. »

CHAPITRE V

Voyage des fils de Victor-Emmanuel en Savoie. — Leur indifférence. — Ils descendent dans les évêchés. — Jalousies. — Calomnies.

Le mois même où Monseigneur devait mourir, il reçut au cœur une mortelle blessure. On sait que les mesures iniques, les froissements à la conscience catholique, les impôts effrayants dont on accablait le pays, le détachaient naturellement de ceux qui le gouvernaient si mal. Pour renouer les liens qui se desserraient tous les jours entre la Savoie et le Piémont, le gouvernement, qui n'ignorait pas combien la Savoie aimait ses princes, leur fit faire un voyage à travers ses provinces désolées. Le duc de Savoie et le duc d'Aoste traversèrent les Alpes, et, chose admirable! en voyant pour la première fois les jeunes fils du roi, toutes les injustices furent pardonnées; l'enthousiasme fut à son comble; ce voyage réussit au delà de toute espérance. La funeste voie que la politique de M. de Cavour faisait suivre à ces princes, semblait n'inspirer que plus d'intérêt aux populations accourues pour les recevoir. Mais hélas! ces malheureux enfants étaient déjà saturés des rêves de l'Italie; l'évêque de Saint-Jean de Maurienne crut les intéresser en les conduisant au hameau, qui fut le berceau de la maison de Savoie; l'indifférence glaciale avec laquelle ils le visitèrent, le frappa de stupeur.

Comme le faisaient les anciens rois, les princes descendirent chez les évêques de chaque province qu'ils visitaient. Mgr Rendu se faisait une joie de cœur de recevoir les enfants de Savoie, et se hâta, à leur approche, de mettre son Évêché à leur disposition. Les partisans de la Révolution épiaient aussi la marche des princes et, jaloux de la préférence accordée aux évêques, ils firent circuler les bruits les plus injustes sur leur désintéressement. Ce fut à un tel point que l'archevêque de Chambéry crut devoir en prévenir Mgr Rendu dans une lettre confidentielle, pour lui dire : qu'on l'accusait d'avoir offert son évêché *moins la table*. Ce fut un trait acéré pour le cœur du bon évêque qui se faisait un bonheur d'être hospitalier. Il appelait son évêché, l'hôtel *de la Croix d'or*. Mais

Monseigneur ne fut pas le seul calomnié. L'Archevêque de Gênes, qui avait été précepteur du Roi, reçut aussi les jeunes princes dans sa villa des Cordeliers près de Moutiers ; la même injure lui fut adressée par les calomniateurs de l'Évêque d'Annecy.

Les princes arrivèrent donc à Annecy le soir du 15 août 1859. L'état de souffrance extrême de Monseigneur ne leur permit pas d'accepter la gracieuse hospitalité qu'il leur avait offerte et ils logèrent à l'hôtel d'Angleterre, le plus voisin de l'Évêché. Mais leur première et leur dernière visite, sur quarante-huit heures de séjour à Annecy, furent pour l'évêque malade qui les bénit en pleurant et leur dit : « Que Dieu soit toujours avec vous, mes chers enfants ! » c'était le 16 du mois d'août 1859.

CHAPITRE VI

Dernières heures de Mgr Rendu. — Dernière maladie. — Le Révérendissime Père Alphonse. — Retraite de l'Évêque. — Retraite pastorale. — Monseigneur est administré. — Mort.

Le dimanche 21 août 1859, fête de sainte Jeanne de Chantal, Monseigneur entendit, à sa tribune, la Sainte Messe qu'il ne pouvait plus célébrer depuis quelque temps. A peine fut-il rentré dans sa chambre, qu'une fièvre convulsive agita tout son corps déjà si faible et lui fit croire que sa dernière heure était là : « J'ai bien cru, me dit-il, que c'était mon dernier moment. » Puis il ajouta : « Aujourd'hui il ne faut pas me laisser seul. » Je restai auprès de lui et j'ai été témoin oculaire du triste spectacle des dernières heures de cette vie qui a été grande en douleurs et en vertus.

A trois heures de l'après-midi, il me dit : « Il faut écrire au Père Alphonse (1); dites-lui qu'il

(1) Ex-procureur général des Capucins qui arrivait de

vienne; je veux faire une petite retraite avec lui. Ce bon Père ne me refusera pas cela, dit-il, il sait bien que je n'ai jamais rien refusé aux Pères. »

J'écrivis donc au Père Alphonse à Chambéry et il s'assura si la lettre était dûment affranchie. Le Père arriva le lendemain, lundi soir. Le mardi matin, Monseigneur le reçut et l'embrassa avec une joie ineffable. « Je suis arrivé hier soir, Monseigneur; mais dans la crainte de vous fatiguer, j'ai attendu à ce matin pour me présenter à Votre Grandeur. — Comment, lui dit Monseigneur, j'ai pensé à vous toute la nuit et je me disais : le Père Alphonse ne viendra peut-être pas! J'aurais eu tant de bonheur à vous voir déjà hier. — Eh bien, mon Père, je veux faire avec vous ma retraite, c'est la dernière! » Ils pleurèrent tous les deux; puis, Monseigneur reprit : « Commençons de suite; » et la retraite commença à l'instant même.

Monseigneur passa au lit les trois jours suivants; il sentait ses forces diminuer à toute heure et ses souffrances étaient extrêmes. La retraite pastorale s'ouvrit en même temps au Grand Sémi-

Rome; la Providence l'envoyait juste à temps pour aider le bon évêque à bien mourir.

naire pour tous les ecclésiastiques du diocèse (1). Il nous serait impossible de rendre la peine de tous ces vénérables prêtres, doublement affligés de la maladie de leur évêque et d'être privés de sa présence pendant ces jours de recueillement et de prière. Ah! ils ont prié pour leur père, et, si Dieu avait voulu être vaincu, il l'aurait été par leurs prières et par celles des communautés religieuses. Mais non, il valait mieux mourir pour le pontife, que de voir encore *mala gentis nostræ et sanctorum*.

La fête de Monseigneur se rencontrait le jeudi. Il témoigna au Père le désir de recevoir la Sainte Communion en l'honneur de saint Louis, roi de France. Le Père célébra de grand matin la Sainte Messe dans la chapelle de l'évêché, et, au moment de la communion, il apporta la Sainte Eucharistie à l'évêque mourant qui se fit asseoir sur son lit et revêtit le camail et la croix. Oh! qui pourra rendre cette scène! En voyant venir à lui son Sauveur pour la dernière fois, le bon évêque pleura comme au jour de sa première communion, et il

(1) Ce fut l'abbé Grobel qui la prêcha; remplaçant le Père Laurent, qui ne put venir, comme il l'avait promis.

reçut Jésus-Christ avec autant de foi qu'il avait d'amour. Le reste de la nuit se passa dans l'action de grâces et la souffrance.

Le Père revint auprès de Monseigneur, qui lui dit : « *Père, que je suis content de mourir.* » Le Père lui répondit : « Monseigneur, les temps sont si mauvais ! votre diocèse a encore besoin de vous, et, si Dieu ne veut pas vous rendre la santé, du moins, Monseigneur, acceptez de rester là, quoique malade, au milieu des vôtres, votre présence seule suffit pour conserver le bien!.. » Et le digne évêque répondit d'une voix affaiblie : « *Que votre volonté soit faite, ô mon Dieu !*

Monseigneur ne voulut pas que ses prêtres ignorassent qu'il leur restait uni et qu'il faisait sa retraite avec eux sur son lit de mort. M. le Prévôt l'annonça aux pieux retraitants après la bénédiction du soir, et tout cet admirable clergé se mit à deux genoux pour demander à Dieu de leur laisser leur bon évêque surtout dans le péril de ces mauvais jours. Un des vicaires généraux vint voir Monseigneur, et lui dit : « Nous avons demandé au bon Dieu de vous rendre un peu de force, Monseigneur ! — Ah ! dit-il en souriant, j'ai encore perdu le peu qui me restait. » Un moment après, il me

dit : « Que j'ai souffert aujourd'hui ! » *O clemens !
ô pia ! ô dulcis virgo Maria !*

Enfin arriva la nuit du jeudi, pendant laquelle il ne voulut plus recevoir ni soin ni soulagement, pour laisser sans doute au mal tout pouvoir sur son corps. Cette nuit fut le commencement de son agonie. Vers les neuf heures du soir, il se lève, il quitte le lit pour ne plus y rentrer. Cette triste nuit, il la traversa comme on traverse un orage. Ses souffrances redoublèrent et le calme de son âme donnait à ses souffrances une grande majesté. Ceux qui le voyaient souffrir disaient : c'est ainsi que souffrent et meurent les élus. Les médecins pensaient qu'il ne passerait pas la journée du lendemain. C'était le vendredi ; cependant, à huit heures, il reçut l'Extrême-Onction et l'indulgence plénière. Il paraissait être sans connaissance, mais quel ne fut pas notre étonnement, lorsqu'il leva sa main amaigrie et défaillante pour bénir son diocèse. Il ouvrit les yeux et nous reconnut. Les coups de midi sonnèrent, il fit effort pour réciter l'*Angelus*. Ainsi se passa la journée dans des angoisses horribles et une résignation sublime.

La nuit suivante fut un martyre. Il fut debout

toute la nuit et se promena de sa chambre au salon, appuyant sur deux bras son corps brisé et ne s'arrêtant que pour arracher du fond de ses entrailles brûlantes ces soupirs de douleur : ô mon Dieu! ayez pitié de moi! Quand le médecin vint le voir, il dit : il meurt crucifié!

Le samedi, il fallut prolonger tout le long des appartements ce pénible voyage; il put faire jusqu'à soixante pas. Chemin de la croix! Il l'a suivi pendant près de quarante-huit heures, les yeux fermés. A le voir traînant ses pieds fatigués sur cette voie douloureuse, on aurait dit qu'il était condamné à creuser lentement sa tombe. Jamais il n'a pu recevoir un seul soulagement durant ce long trajet dont les stations ont été marquées par toutes les angoisses de l'agonie. On ne pouvait croire que l'homme pût souffrir autant sans mourir. Pendant ces quarante-huit heures, il a vu la mort; il l'a regardée en face; on aurait dit qu'il lui commandait d'attendre. Et, malgré ses souffrances sans mesure, il a conservé, jusqu'au dernier soupir, la connaissance la plus claire des personnes et des choses; il a eu, jusqu'au moment suprême, l'intelligence et le mérite de ses douleurs. Aussi, lorsque le Père lui parlait du ciel ou de la Vierge Marie, il joignait les mains ; sa figure était sereine et douce.

Enfin, le soleil de saint Augustin se leva : c'était le dimanche. L'abbé Coppel, l'un de ses secrétaires, lui dit qu'il allait offrir la Sainte Messe pour lui ; deux fois, il inclina la tête, en le remerciant. Continuant sa route, comme il l'avait fait toute la nuit, Monseigneur revint dans sa chambre ; il s'assit un instant ; quelques gouttes de sang apparurent sur son visage. Survint une palpitation affreuse qui soulevait jusqu'à sa robe ; il se lève, se rassied, lorsque la clochette des mourants se fait entendre dans la rue. On portait le saint Viatique à un malade du voisinage. Nous nous mîmes à genoux ; lui, qui ne pouvait le faire, se relève, s'avance vers la fenêtre, salue Notre-Seigneur, qui passait, et fait le signe de la croix sur son cœur. Il revient au fauteuil ; son cœur s'agite d'une convulsion horrible ; c'était la fin. Je courus appeler le Père, qui lui donna la dernière absolution. Alors, ses yeux, fermés depuis cinq jours, se rouvrirent brillants comme le feu ; peut-être la face de Dieu lui était-elle apparue. Nous tombâmes à genoux en récitant les litanies de la Sainte Vierge. *Janua cœli!* la porte du ciel s'ouvrit ; un léger soupir s'échappa de sa poitrine tranquille, sa tête se pencha : il avait rendu le dernier soupir.

Alors, les cloches se mirent à pleurer ; ce fut le signal de ce sanglot immense, qui du Séminaire s'étendit à toute la ville et au diocèse, qui commençait son veuvage. Il me resterait, Monsieur le rédacteur, à vous parler de son triomphe, qui commença, pour le peuple, le jour de sa mort. Dans cette mort si belle, Dieu l'avait fait grandir à la taille des combattants les plus illustres pour la cause de l'Église. Mais d'autres raconteront sa vie (1) ; pour moi, qu'il avait pris à Lancy tout jeune et qu'il a conduit, comme par la main, jusque sur sa tombe, qu'il me soit permis d'y laisser tomber ce dernier adieu d'un enfant, qui a perdu son père et son protecteur.

L'abbé F.-M. GUILLERMIN,
Aumônier de Monseigneur.

En publiant cette relation de la mort de Mon-

---

(1) M. le chanoine Sallavuard se proposait de rendre cet hommage à la mémoire de Monseigneur ; sa mort, si prématurée, ne lui a pas permis de réaliser ce pieux dessein.

seigneur, dans l'*Univers*, M. Louis Veuillot ajoutait : « Mgr Rendu avait succédé, sur le siége épiscopal d'Annecy, au saint et éloquent Mgr Rey, dont le nom et les travaux ne sont pas ignorés en France. Il s'est montré digne d'un si redoutable héritage. Il avait un grand *esprit*, un grand *cœur*, une grande *bonté* (1). Ses devoirs d'évêque, qu'il remplissait avec une ardente sollicitude, ne l'empêchaient pas de donner beaucoup de temps aux lettres et aux sciences. Il était savant géologue et habile écrivain. Ses trop rares travaux sur la philosophie sociale et sur l'économie politique, peu connus, parce qu'ils ont été publiés au delà des frontières, révèlent un publiciste de premier ordre. Il n'en est point que puissent consulter avec plus de fruit ceux qui se préoccupent d'établir l'accord entre le monde moderne et les lois éternelles de l'ordre social. Mgr Rendu ne demandait pas aux hommes de n'être pas de leur temps, mais il leur demandait d'être chrétiens pour sauver les choses de leur temps et de tous les temps. Sa mort, surtout en ce moment, est une grande perte pour la Savoie, qui voyait en lui un de ses

---

(1) Ces trois mots disent parfaitement ce que fut Mgr Rendu.

chefs les plus sages et les plus vénérés. On y sentira le vide que laissent également ses lumières et ses vertus. Devant ce surcroît, qui s'ajoute aux douleurs d'un peuple déjà si malheureux, nous n'osons parler de nos propres regrets. Qu'il nous soit du moins permis de ne pas imposer silence à notre reconnaissance. Plus d'une fois, dans les pénibles rencontres où nous nous sommes trouvés, Mgr Rendu a daigné nous appuyer de son puissant témoignage. Il était de ceux dont nous avons toujours suivi la lumière et toujours senti la main.

« Louis VEUILLOT. »

Univers, 8 septembre 1859.

CHAPITRE VII

Funérailles. — Lieu de la sépulture. — Oraison funèbre. — Jugement qui en est porté. — Fragment du testament de Monseigneur. — Détails intimes. — Une conversion.

Après qu'il eut rendu le dernier soupir, Monseigneur fut revêtu de ses ornements pontificaux (1) et transporté à la chapelle de l'évêché où il resta exposé pendant trois jours. Il était là, beau et majestueux sur ce trône de la mort, comme il l'était sur celui de sa cathédrale au jour des grandes solennités de l'Église. On vit affluer le peuple des campagnes, ces bons paysans qu'il avait bénis tant de fois! Ils embrassaient ses pieds et ses mains; ils lui faisaient toucher des chapelets, des médailles, des livres et des images afin

---

(1) C'est la Visitation de Thonon qui possède la chasuble de drap d'or dont il était revêtu. C'est un legs de Monseigneur.

de garder de lui quelque souvenir. Il avait toujours été l'homme du peuple et le peuple l'avait bien compris.

Les obsèques eurent lieu le 30 août, à neuf heures du matin. En appelant ses prêtres à la retraite pastorale, le bon évêque ne se doutait guère qu'il les convoquait à ses funérailles. Trois cents prêtres étaient là; le convoi fut immense et la foule prodigieuse. Monseigneur, le visage découvert, fut porté dans son cercueil par des prêtres sous un dais funèbre; en sortant de l'évêché, le cortége traversa les principales rues de la ville et entra dans la cathédrale.

Chose incroyable! aucun des évêques de Savoie ne fut prévenu du jour de la sépulture; ce fut M. le Prévôt qui dut les remplacer et présider la cérémonie.

Onze heures sonnaient, lorsque le bon évêque descendit dans la nuit de son tombeau; à ce moment, malgré le regard public, je l'embrassai, en pleurant, pour ses parents et pour tous ses amis de France et de Savoie. Il avait demandé qu'après sa mort, on lui mît l'humble mitre de lin qu'il avait portée aux fêtes de Rome; je l'ai placée près de lui dans son cercueil. Son corps repose à la cathédrale, dans le caveau qui se trouve sous la chapelle du Saint-Sacrement. Le cercueil a été muré. Il est placé sous l'autel, à l'angle des deux murs de l'église, du côté de l'Évangile. C'est là que repose Mgr Rendu, près de Mgr de Thiollaz, qui lui avait dit un jour : *Retourne chez toi, ton pays ne produit ni homme, ni argent.* Il est là, avec le Rev. Père Mac-Carthy, qui l'avait assisté à sa première messe en 1814. Vous ne lirez rien qui rappelle le nom de Mgr Rendu ; mais ses ouvrages et ses bonnes œuvres perpétueront sa mémoire et, au moins, ces modestes pages apprendront-elles aux âges à venir que là repose un évêque d'Annecy, qui a bien aimé l'Église.

Le 28 septembre, un Vicaire Général prononça à la cathédrale l'Oraison funèbre de l'illustre défunt. Pour faire l'éloge de ce grand évêque, c'eût été assez et il aurait fallu raconter à grands traits ses luttes pour la défense des droits de la Sainte Église. Quoi de plus beau que de voir un évêque mourir à la peine ! il mourait debout comme le soldat sur le champ de bataille ? L'orateur n'en dit pas un mot, et pourquoi ? . . . .
. . . . Nous ne le

dirons pas! Quoi qu'il en soit, le géologue et le savant ont pris trop de place dans ce discours; dans la tempête, on jette à la mer les choses superflues; c'est ce qu'avait fait l'évêque d'Annecy. Un bel éloge de Monseigneur, c'est d'avoir ordonné deux cent quarante-six prêtres et consacré cent deux églises pendant les dix-sept années de son épiscopat. Puissent surtout ceux qui ont reçu de ses mains la couronne du sacerdoce se souvenir de lui dans leurs prières. Il s'est recommandé à eux, avant de mourir; ouvrons son testament où il fait à tous ses bons prêtres de si touchants adieux; sa douce voix nous fera encore plaisir, quand même elle nous vient d'outre-tombe après neuf ans.

« Au nom du Père, et du Fils et du Saint-Esprit : Je déclare que le présent écrit, tout fait de ma main, contient l'expression de mes dernières volontés. Devant paraître au redoutable tribunal de Dieu, je renouvelle, du fond de mon cœur, la profession de foi que j'ai dû faire quand j'ai été élevé à l'épiscopat.

« Je déclare vouloir mourir, comme j'ai vécu, dans le sein de l'Église catholique, apostolique et romaine, uni d'esprit et de cœur au Successeur de saint Pierre, au Vicaire de Jésus-Christ et spécialement au Souverain Pontife Pie IX, actuellement régnant.

« En remettant mon âme entre les mains de Dieu, je la recommande aux prières de tous les fidèles et de tous les excellents prêtres du diocèse de saint François de Sales, qui ont été pendant dix-sept années l'objet de mon estime et de mon affection. Je me recommande encore aux prières de toutes les communautés religieuses qui font tant de bien dans le diocèse d'Annecy . . . . . .

« Louis, évêque d'Annecy. »

Menthon, le 19 novembre 1858.

Il était surtout doux et bon, affable et simple. Sous les grandeurs de l'évêque, il aimait à garder les petites pratiques de piété du bon chrétien. Aucune fatigue, aucune souffrance n'ont pu lui faire omettre une seule fois, le matin et le soir, les prières qu'il avait apprises sur les genoux de sa mère, qui sont toujours le premier prie-Dieu de l'enfance.

Tous les soirs, ses domestiques venaient au salon prier avec l'évêque, le Vicaire Général et les secrétaires. Le samedi, on ajoutait le chapelet aux prières accoutumées.

A la campagne (1), malgré la distance de l'église de la paroisse, il faisait, le dimanche soir, une visite au Saint-Sacrement et voyait un malade. Pendant le mois de Marie, il venait silencieusement prendre une place parmi les simples fidèles. Le domestique de garde entendait, le dimanche, la messe de Monseigneur; tous les autres assistaient à la grand'messe de la paroisse. Un article du règlement pour les domestiques, leur prescrivait d'étudier le catéchisme, pendant une demi-heure avant le souper.

---

(1) C'était à Menthon où Monseigneur se plaisait infiniment. Situé au bord du lac d'Annecy, Menthon fut le berceau de saint Bernard, fondateur de l'Hospice.

Monseigneur a donné pour souvenir, à la paroisse de Menthon, l'autel qui était dans son oratoire à la campagne. Il a été placé dans la chapelle que le château de Menthon possède dans l'église paroissiale.

La bonté de Monseigneur le rendait très-accessible à tous; souvent, à Menthon, on venait lui demander des permissions, surtout pour travailler le dimanche; par déférence, Monseigneur renvoyait toujours au curé de la paroisse. Le digne M. Sautier n'était pas étranger au plaisir que Monseigneur prenait à être à Menthon.

Il aimait à vêtir les pauvres et combien de petits garçons étaient habillés en violet le jour de leur première communion; ils étaient les mieux vêtus de tous; mais personne ne se doutait qu'ils portassent une soutane du bon évêque qui avait passé par les mains des bonnes Sœurs. Les veuves avaient droit à ses préférences. Venez passer avec moi quelques jours à Menthon, disait-il à une misérable veuve, et si vous devenez malade, je suis là!

Une veuve d'Annecy dînait à l'évêché tous les dimanches et fêtes, et, un imbécile, tous les lundis.

Le trait suivant nous montrera combien il était bon pour ceux qui souffraient.

Peu de temps avant de mourir il se fit porter trois fois chez un malade qui avait beaucoup amassé pour la terre et beaucoup moins pour le ciel. Quand il vit Monseigneur si faible, venir lui faire visite, il en fut touché jusqu'aux larmes. En le visitant, l'évêque voulait aussi le ramener à Dieu, et il usa d'une industrie qui lui réussit parfaitement.

Il avait plié, dans des bonbons, des devises numérotées, qui ressemblaient aux ordonnances d'un bon médecin; les voici telles que Monseigneur les avait écrites :

N° 1 (1ᵉʳ jour).

L'âme trouve son repos dans la pensée de Dieu.

N° 2 (2ᵉ jour).

Oh! que la terre est peu de chose pour l'âme qui mesure l'étendue du ciel !

N° 3.

La paix de la bonne conscience est la part du juste, de celui qui s'est justifié par les sacrements.

N° 4.

Le chemin de l'éternité est semé de craintes et de terreurs: mais qu'il est doux pour celui que le Seigneur accompagne !

N° 5.

Souffrir, prier et se taire, c'est obliger Dieu à nous donner des consolations.

N° 6.

O mon Dieu! je vous ai connu trop tard; mais

je sais que vous recevrez l'ouvrier venu même à la dernière heure !

N° 7.

Celui qui a trouvé Dieu possède un trésor que rien ne peut lui ravir. Dieu seul ne change pas.

N° 8.

Venez à moi, Seigneur ! je ne suis pas digne de vous recevoir ; mais votre miséricorde est bien plus grande que ma misère !

N° 9.

Mon Dieu ! je ne veux plus que vous sur la terre. Elle m'abandonne ; mais je suis assez riche puisque vous me restez.

N° 10.

Pour régner avec Jésus-Christ, il faut porter sa croix et acheter le ciel par la souffrance. Heureux ceux qui souffrent !

N° 10 (sic).

Se détacher des biens de la terre, c'est se guérir d'une infirmité qui corrompt notre nature.

N° 11.

Mon Dieu ! si vous ordonnez que je vive encore, faites que ce soit pour travailler à mon salut.

Monseigneur plia les devises et les bonbons dans un beau papier blanc avec un ruban rose, les remit au malade en l'embrassant et en lui recommandant de lire une devise et de manger un bonbon par jour. La recette fut bonne ; le malade qui avait vécu de longues années loin de Dieu se confessa et, quelques jours avant Monseigneur, il mourut en bon chrétien.

CHAPITRE VIII

Le congrès de Vienne. — L'église catholique de Genève. — Notre-Dame. — Consécration. — Mgr Rendu n'y est point oublié. — **M.** Mermillod. — **Mgr de Langalerie, évêque de Belley. — Service funèbre pour Mgr Rendu.**

Ce qui se passa au congrès de Vienne prouve que Dieu allait jeter sur notre chère Genève un regard de miséricorde et de tendresse.

M. le comte de Sales (1) et le marquis de Saint-Marsan, plénipotentiaire du roi de Sardaigne, assistaient au congrès. Ces deux diplomates demandèrent que le maintien du culte catholique, à Genève, fût clairement stipulé dans les traités, et placé sous la sauvegarde des Puissances. On souleva des difficultés, on fit des oppositions qui au-

(1) Monseigneur a publié une notice historique sur ce dernier descendant de la famille de saint François de Sales.

raient pu aboutir à une fin de non-recevoir si une volonté puissante ne leur eût prêté son appui. L'empereur Alexandre voulut; et l'existence de l'Eglise catholique de Genève fut assurée par le traité de Vienne du 29 mars 1815.

Aujourd'hui une cathédrale s'élève, pleine de grâce, en l'honneur de la Vierge Immaculée, sur les vieux remparts détruits. Le catholicisme est rentré pauvre, mais avec honneur, dans cette cité qui avait proscrit le Saint Sacrifice, sous peine de mort, pendant trois siècles. Mais en regardant Notre-Dame, oublions ces souvenirs; le présent est meilleur, et notre cœur ne garde que des pensées de paix, de réconciliation et d'espérance.

Une jouissance que Monseigneur s'était toujours promise, c'était d'assister à la consécration de l'église de Notre-Dame de Genève. Admirateur de cette belle œuvre, il en avait été aussi le bienfaiteur. Il ne put saluer ce jour que de loin; Dieu lui demanda de mourir sans l'avoir vu. Mais Monseigneur ne fut point oublié. Le jour de la fête, 8 septembre 1859, M. Mermillod monta en chaire après l'Évangile de la messe pontificale et rappela le doux souvenir de Mgr d'Annecy. « Il en

est ainsi des fêtes de la terre, disait-il, que souvent les larmes se mêlent aux joies qu'elles inspirent. Parmi les pontifes (1) qui président à cette fête, chacun de vous, mes frères, cherche le bon évêque d'Annecy qui a tant aimé Notre-Dame et qui s'était réservé, pour cette fête, une place parmi vous. Il fut un des premiers à seconder notre œuvre, et jamais ni son affection ni ses encouragements ne nous ont manqué. Oui, le bon évêque d'Annecy manque à notre fête, et pour lui assurer notre reconnaissance, le premier service funèbre célébré dans cette basilique, au lendemain de sa consécration, sera pour demander à Dieu le repos de son âme. La messe aura lieu à huit heures. »
- Mgr de Belley, qui avait été l'ami de cœur de Mgr d'Annecy, et qui portait, ce jour, un anneau de saint François de Sales, que Mgr Rendu lui avait donné, ne l'oublia point dans le discours du soir. « Ah ! si le bon évêque d'Annecy manque à notre fête, laissez-moi, dit-il, vous apporter sa bénédiction et son cœur dont il nous a été donné de connaître la grande bonté !... »

(1) Étaient présents Mgr Marilley, évêque consécrateur ; Mgr de Belley, Mgr de Saint-Claude, Mgr de Saint-Jean de Maurienne.

Le service fut célébré par Mgr de Saint-Jean de Maurienne ; la belle église de Notre-Dame était remplie ; personne n'ignore combien populaire était, à Genève, le nom de Mgr Rendu.

CHAPITRE IX

Deuil général. — Témoignage rendu par M. Sauzet à l'Académie de Lyon.

La mort de Mgr Rendu, arrivant dans des temps si malheureux, fut signalée en France et en Italie, comme une perte considérable pour la société et pour l'Église. L'*Univers*, l'*Armonia*, les *Annales catholiques de Genève*, l'*Ami de l'Enfance*, les journaux de province, offrirent tous à la mémoire de Mgr Rendu de justes hommages et de sympathiques regrets.

Dans l'éloge de M. de Chantelause, prononcé à l'Académie de Lyon par M. Sauzet, le 28 février 1860, l'ancien président de la chambre n'a pas voulu oublier Mgr Rendu.

Peu de temps après la mort de M. de Chantelause, dit-il, la tombe se fermait sur un pieux et savant prélat qui avait tenu aussi à honneur de nous appartenir. Mgr Rendu occupait le siége de saint François de Sales; il ne l'avait dû qu'à lui seul. Rien ne lui en avait frayé le chemin. Il avait eu le mérite d'y parvenir, en partant des rangs les plus obscurs; mais tout le monde l'avait trouvé digne d'y monter. Il rappelait ce zèle éclairé, cette éloquence persuasive, surtout cette heureuse alliance de la foi généreuse et de la charité indulgente avec les lettres humaines qui caractérisèrent ce grand évêque, et qui semblent plus nécessaires aujourd'hui que jamais au gouvernement de l'Église.

Aussi l'épiscopat français a senti profondément le vide de sa perte au moment où l'Eglise faisait appel à tous ses pontifes et à tous ses enfants pour défendre son Pasteur Suprême attaqué par les passions. Lui aussi a combattu le bon combat dans cette lutte qui, d'un bout du monde à l'autre, semble avoir rallié toutes les grandeurs de l'intelligence et du caractère autour du trône de saint Pierre, et qui lui a apporté tant de secours inespérés pour le dédommager de tant de délaissements imprévus.

Notre illustre associé a défendu cette sainte cause avec ses éminents collègues du sacerdoce et sa voix a trouvé des échos parmi ses confrères dans les lettres. Ce n'est pas dans l'antique métropole de la Gaule chrétienne que notre Académie se laisserait vaincre en sympathie pour l'Église, quand le premier sénat littéraire de l'Europe s'empresse d'unir, pour sa défense, les gloires de l'épiscopat français aux noms les plus illustres et aux plumes les plus éloquentes (1).

Puisse cette pensée consolante monter jusqu'à notre vénéré confrère et lui rendre plus doux notre pieux hommage !

(1) Monseigneur d'Orléans entrait à l'Académie française.

ÉCRITS ET OUVRAGES

DE

Mgr RENDU

Traité de physique, Chambéry 1823.

Mémoire sur la marche des vents dans la partie inférieure de l'atmosphère.

Mémoire sur la cristallisation et la solidification des corps, comme étant un effet de l'électricité.

Théorie sur les Glaciers, moyen de transport des blocs erratiques.

Notice historique sur M. Raymond.

Oraison funèbre du roi Charles-Félix.

Oraison funèbre de Mgr Martinet, archevêque de Chambéry.

Influence des Lois sur les Mœurs et des Mœurs sur les Lois.

Lettre à S. M. le roi de Prusse; projet d'union entre les catholiques et les protestants.

De la Liberté et de l'avenir de la République française.

Notice historique sur le comte Paul-François de Sales, dernier rejeton de cette famille.

Efforts du protestantisme en Europe, ou commerce des Consciences.

Mandements et Lettres pastorales, publiés par Mgr Mermillod.

Lettre à M. l'abbé Mermillod : *Où en est la Révolution?*

Lettre à M. de Montalembert; réponse aux *Intérêts catholiques au* XIXe *siècle.*

Lettre à M. l'abbé Martinet, sur l'origine du droit et du devoir.

TABLE

LIVRE PREMIER

PRÉFACE.   1

CHAPITRE PREMIER.

Enfance du jeune Rendu. — M. Bétemps, curé de Meyrin. — M. Bétemps distingue le jeune Rendu. — Funeste accident. — Espièglerie. — Il est confirmé à Ferney.   1

CHAPITRE II.

Départ de M. Bétemps. — Le jeune Rendu part pour Chambéry. — On le repousse. — M. Guillet le reçoit. — Retour à Meyrin. — Aventure.   6

CHAPITRE III.

Il entre au collége de Chambéry. — Écolier il est aussi professeur. — Style épistolaire. — Fin de ses cours.   9

CHAPITRE IV.

Le jeune Rendu entre dans la famille de Saint-Bon. — Son entrée dans la famille Costa de Beauregard. — Il est prêtre. — Professeur. — Directeur spirituel. — Il quitte l'enseignement. — Chanoine. — *Influence des lois sur les mœurs.* — Décoré du Mérite civil. . 12

CHAPITRE V.

Mort de madame de Costa. — L'abbé Rendu l'assiste dans ses derniers moments. — Les paroles qu'elle prononce font connaître la femme chrétienne. — La mère. — L'épouse. 16

CHAPITRE VI.

Prédications. — Stations de carême. — Oraison funèbre de Charles-Félix. — De Mgr Martinet. — Réformateur des études en Savoie. 27

LIVRE DEUXIÈME

ÉVÊCHÉ D'ANNECY.

CHAPITRE PREMIER.

Négociations. — Refus. — Insistance du Roi. — Mgr Charvaz. — L'Archevêque de Chambéry. — Acceptation. — Lettre des prêtres en retraite à Annecy. 33

CHAPITRE II.

Préconisation. — Députation d'Annecy. — Prise de possession. — Sacre. — Départ pour Turin. — Arrivée. 45

CHAPITRE III.

Premiers travaux. — Triduum des Allinges. — Sépulture de M. Vuarin, curé de Genève. — Visites pastorales. — Le comte Pillet-Will. — Une faute d'orthographe. — Etablissement des chaires de droit canon et d'éloquence. — M. Magnin. 49

CHAPITRE IV.

Révolution de 1848. — La Suisse et Mgr Marilley. — La France et Louis-Philippe. — Le Piémont et Charles-Albert. — La Constitution. — Les Chambres. — Fêtes du Statut. — Loi Siccardi. — Attaques. — Réponse. 53

CHAPITRE V.

Censure des Mandements. — Démission de Mgr Charvaz. — Mandement manuscrit de Mgr l'évêque d'Annecy. 59

CHAPITRE VI.

Sécularisation du mariage. — La loi est votée à la Chambre des députés. — Elle est rejetée au Sénat.

— Expulsion des Jésuites. — Les filles de la Compassion de Contamines. — Les Chartreux du Reposoir. — Loi des suspects. — Attaques contre le Clergé. 63

CHAPITRE VII.

Visitation. — Dominicains. — Mandement sur les Associations religieuses. —Vente des biens des couvents. — Haute-Combe. — Refus du grand cordon. 68

CHAPITRE VIII.

Propagande protestante. — *Commerce des consciences.* — *Lettre à S. M. le Roi de Prusse.* — Projet de conciliation entre les catholiques et les protestants. — Procès de Mgr Rendu en Allemagne. — Il le gagne. 73

CHAPITRE IX.

M. Roget, ministre protestant à Genève. — Correspondance. — Projet d'union. — M. André de Luc. . . . 77

CHAPITRE X.

Maladie. — Vichy. — Une dame. — Un médecin. — Evian. — M. Victor Cousin. — Il est condamné à Rome. — Monseigneur s'interpose. — Sa lettre au Pape. — Réponse. — Sursis. 99

LIVRE TROISIÈME

VOYAGE DE ROME.

CHAPITRE PREMIER.

Les Evêques de Savoie ne vont pas à Rome. — Définition du dogme de l'Immaculée Conception. — L'Archevêque de Chambéry est invité. — Il refuse. — Il y va plus tard. — Mgr Rendu le remplace. — Son départ pour Rome. — Turin. — Audience du Roi. — Projet de négociations. — Départ de Gênes. — Arrivée à Civita-Vecchia. — A Rome. — Séjour. — Admiration de l'Evêque pour la Ville des Papes. . 114

CHAPITRE II.

Audience du Pape. — M. de Pralorme. — Loi de spoliation. — Lettre des Evêques au Roi, écrite de Rome. — Leur lettre au Ministre des affaires étrangères à Turin. — Dernier espoir des religieux français. — Retour de Rome. — Passage à Turin. — M. de Guiche. — Peine perdue. — Plus d'espoir. 117

CHAPITRE III.

Arrivée des Évêques. — Séances préparatoires. — Admirable unité catholique. — Conférences de Saint-Vincent de Paul. — Description de la fête du 8 décembre. — Un rayon de soleil. — Couronnement d'une Vierge. — Consécration de Saint-Paul-hors-des-murs. 127

LIVRE QUATRIÈME

RETOUR EN SAVOIE.

CHAPITRE PREMIER.

Arrivée. — Fête du 6 mai 1855. — La Bulle *Ineffabilis* imprimée à Annecy. — Elle est envoyée et lue dans toutes les paroisses. — Fêtes d'Annecy. — Monuments qui en perpétuent le souvenir. — M. Sallavuard. — Il est nommé Vicaire Général. — Mandement sur la prière. — Pages sur le voyage du Pape dans ses États. — Citation. 133

CHAPITRE II.

Impression qu'a laissée, à Rome, Mgr Rendu. — M. Mermillod. — M. Albert de Costa. — Mgr Rendu donne un prêtre au souverain Pontife, qui le lui demande. — L'abbé Bérard. — Lettres. — Ce que le Pape pense de Mgr Rendu. 144

CHAPITRE III.

Souffrances. — Fêtes de Myans. — Mgr Sibour. — Derniers travaux. — M. de Montalembert. — L'*Univers*. — Pamphlet de l'*Univers, jugé par lui-même*. . . . 149

CHAPITRE IV.

Possédés de Morzine. — Enquêtes. — Moyens employés. — Explication des phénomènes. — Médecine morale. 156

CHAPITRE V.

Voyage des fils de Victor-Emmanuel en Savoie. — Leur indifférence. — Ils descendent dans les évêchés. — — Jalousies. — Calomnies. 164

CHAPITRE VI.

Dernières heures de Mgr Rendu. — Dernière maladie. — Le Révérendissime Père Alphonse. — Retraite de l'Evêque. — Retraite pastorale. — Monseigneur est administré. — Mort. 167

CHAPITRE VII.

Funérailles. — Lieu de la sépulture. — Oraison funèbre. — Jugement qui en est porté. — Fragment du testament de Monseigneur. — Détails intimes. — Une conversion. 177

CHAPITRE VIII.

Le congrès de Vienne. — L'église catholique de Genève. — Notre-Dame. — Consécration. — Mgr Rendu n'y est point oublié. — M. Mermillod. — Mgr de Langalerie, évêque de Belley. — Service funèbre pour Mgr Rendu. 187

CHAPITRE IX.

Deuil général. — Témoignage rendu par M. Sauzet à l'Académie de Lyon. 191

LISTE DES OUVRAGES DE MGR RENDU 195

FIN DE LA TABLE.

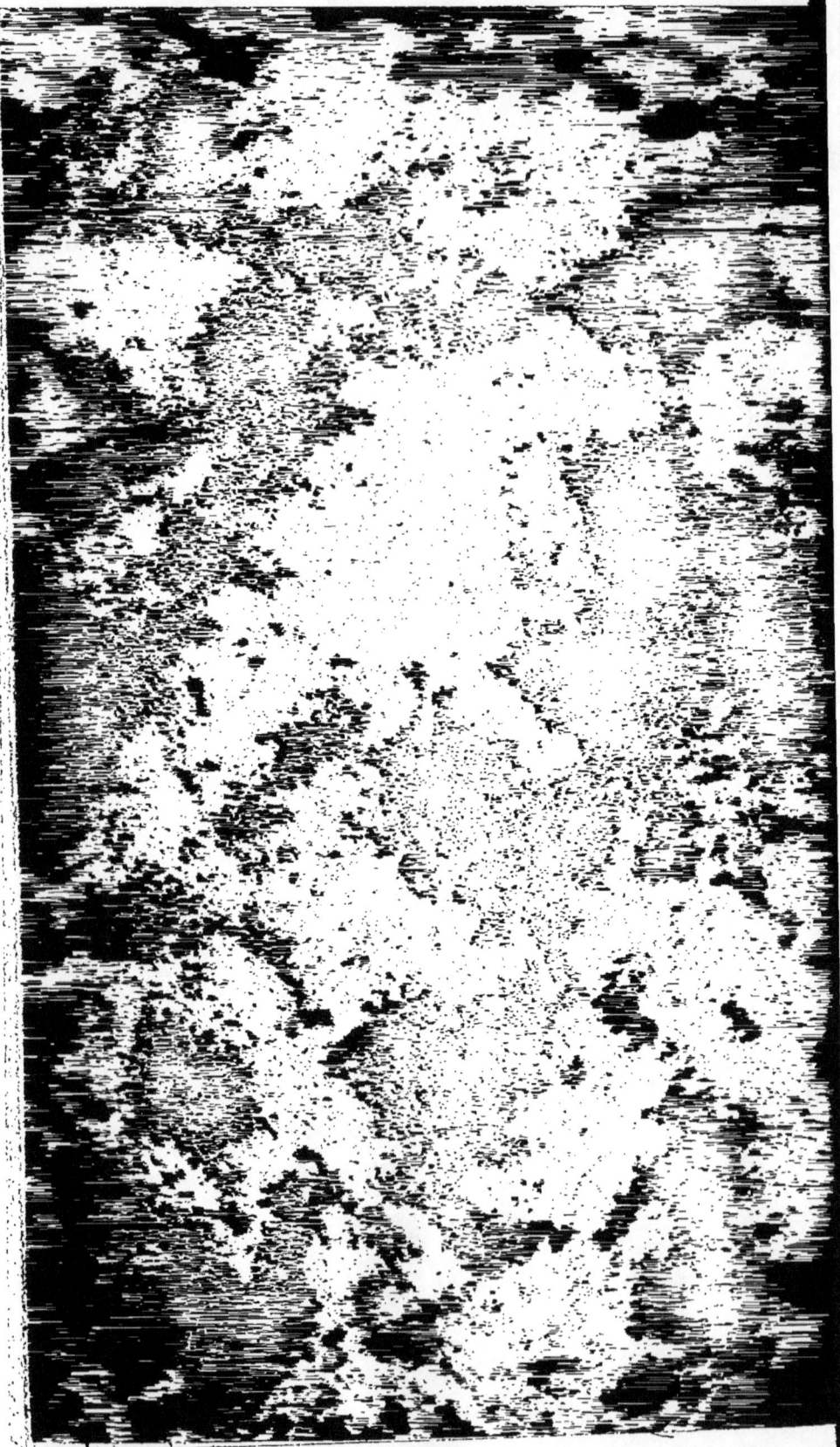

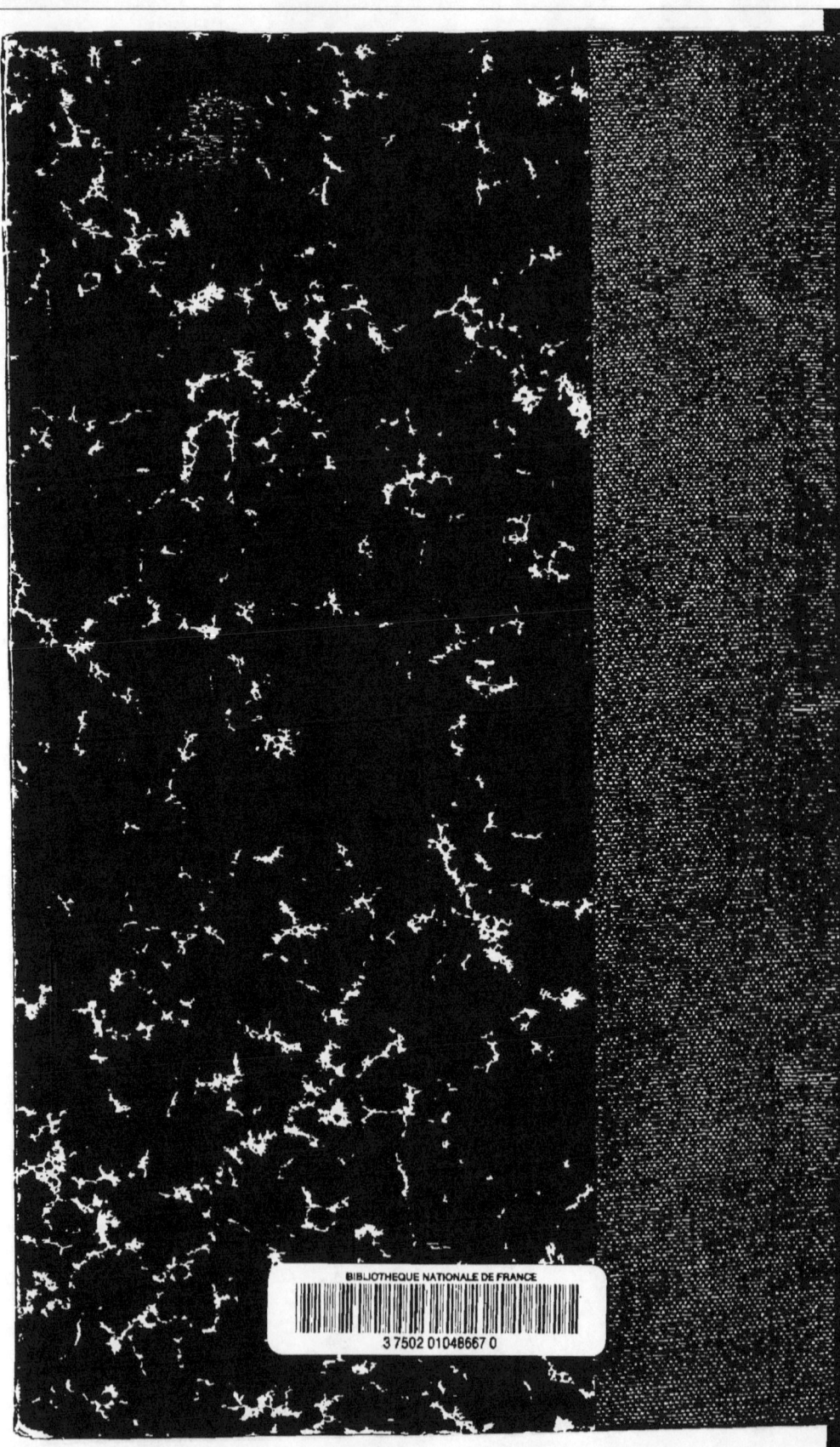

www.ingramcontent.com/pod-product-compliance
Lightning Source LLC
Chambersburg PA
CBHW061958180426
43198CB00036B/1451